70歳からの
筋トレ & ストレッチ

大渕修一　編著

東京都健康長寿医療センター研究所・在宅療養支援研究部長

法 研

はじめに

70歳からの筋トレとは、一昔前では考えられないようなことですが、現在では様々な研究から、むしろ高齢者こそ筋トレが有効と考えられるようになってきました。

たしかに、ヒトの細胞には遺伝子のなかに分裂回数の制限が組み込まれていて、一定の分裂回数を過ぎると細胞は分裂するのをやめ自然死を遂げます。これは、細胞を癌から守る最大の防御メカニズムなのですが、一方でヒトは、加齢によって細胞数が減ってくるのを防ぐことはできません。

だからといって、すぐによぼよぼになってしまうのかというとそうではありません。体にケガをすると治す力があるように、減った細胞の能力を補うメカニズムが備わっています。これを代償能力といいますが、細胞数の減少を一つ一つの細胞の機能を高めることによって補おうとするのです。

この代償能力を促進するために必要なのが適度な刺激であり、現在、その最も有効な方法と考えられているのが筋トレなのです。筋トレによる刺激は筋肉の細胞の力を高めるだけでなく、成長ホルモンなどの分泌を促進する効果も期待できますので、全体的な体調をよくするのに役立ちます。

ところで、これまでの科学は、細胞や臓器の形態学的な変化を基準に考えていました。医学で言えば病理所見やX線所見を元に病気の深刻度や治療方針を決めてきました。

そうすると70歳ともなると筋肉や関節、あるいは内臓など様々な細胞や臓器は加齢的な変化を見せるとともに、細胞数自体が減ってきますから形態学的には老化が明らかであり打つ手はないと考えがちでした。しかし、最近の科学ではこの形態学的な変化に基づいた科学に疑問を投げかけるようなエビデンスがたくさん報告されるようになってきました。

代表的なのは、「修道女（Nun Study）」研究で報告された、101歳で亡くなられたシスターマリーの例です。Nun Studyは、多くのシスターが科学の発展を願って、生前の認知機能検査と死亡後の脳の解剖を許可した研究です。シスターは日記を書いていますし、それを確認するような同僚のシスターの記述もたくさん残しています。つまり、シスターになってからの1日1日が克明に記録されているのです。さらに客観的な認知機能検査を定期的に行うわけですから、認知機能の加齢変化を研究するには他にない素晴らしい対象です。

この研究で、シスターマリーは生前に高い認知機能を維持していたこ

とが検査でも生活の記録でも明らか
だったのですが、亡くなってからの
脳の解剖で典型的なアルツハイマー
病変があったことがわかったのです。
形態学的な変化を基準に考えると、
とても不思議な感じがして修道女の
奇跡と言えるかもしれませんが、こ
の現象は残った細胞が障害された脳
細胞を補った結果と解釈されます。

　後の研究ではこれを機能的予備能
力と命名されますが、人間の体には
形態学的な変化を補う大きな力があ
るのです。しかし、シスターマリー
が形態学的な変化に任せて老いてい
ったなら、このような奇跡的な能力
は発揮しなかったでしょう。

　シスターマリーは周囲の求めにい
つまでも応えたいと感じて、多くの
心配りをしたことでしょう。それに
よって、残された細胞が応えて機能
を高く維持したのです。この結果か
ら、形態学的な変化と機能学的な変
化に乖離がある症例を無症候性アル
ツハイマーと分類して、いま最先端
の研究領域になっています。

　この例が示す体の代償機能は特別
な人だけに備わった能力ではないの
です。皆さんの体の中にもヒトの基
本的な能力として備えられているの
です。ただし、この能力を発動させ

るには少々の刺激が必要です。形態
学的な変化にがっかりして老いに任
せてしまうのか、代償機能を発動さ
せるかはあなた自身の選択です。も
し、あなたが自分の体の代償機能に
関心があるのであれば、この本を最
初の手引きにしてください。

　高齢期には、やみくもにトレーニン
グしても代償機能を発動させるのは
難しいでしょう。この本では代償機
能を発動させやすくするために、こ
れまでの筋トレではなく、神経筋の
連動を良くする筋トレポーズを紹介
しました。たとえば、握力を測るとき
は無意識に反対側の手も握る動作を
見せます。片手を開きながら握力を
測定すると握力の値は両方を握った
場合に比べて明らかに低くなります。
このように筋肉の動きは脳を介した
神経の伝達、これを神経筋関連と呼
びますが、このような連動によって
能力が高められるのです。少なくな
った細胞をより効率的に賦活（ふかつ）するた
めに、少々変わったポーズですが力
が入れやすくなる、つまり神経筋関
連がうまくいく筋トレになっていま
す。そのために、今回はボディビルダー
の皆さんにもご協力をいただき、究
極の筋トレ方法を記しました。

70歳の皆さんが筋トレを始めても、体の隅々の筋肉まで、あたかも新しい配線が通ったように感じられるといいなと思っています。

2017年9月　板橋区大山にて　**大渕修一**

はじめに ……………………………………………………… 2

実技ページの見方 ………………………………………… 8

第1章 70歳からの筋トレ 実技編　　9

70歳からの筋トレのポイント ………………………… 10

●下肢のトレーニング

① 1/4スクワット ………………………………………… 12

② 砲丸投げ ……………………………………………… 14

③ スクワット&カーフレイズ …………………………… 16

④ 体の前で腕の交差 …………………………………… 18

⑤ 片足スクワット（ランジ） …………………………… 20

⑥ かえる足スクワット ………………………………… 21

⑦ 片足上げ ……………………………………………… 22

⑧ いすに座って足上げ ………………………………… 24

⑨ うつ伏せ足上げ ……………………………………… 26

●上肢のトレーニング

① タオルで重量上げ …………………………………… 28

② 両手を広げて上げ下げ ……………………………… 30

③ 肩の痛みを予防する運動 …………………………… 32

④ いざ、お手合わせ …………………………………… 34

⑤ 空を押し上げて ……………………………………… 36

⑥ 手を組んで …………………………………………… 38

7	グーパー＆筋肉もりもり ……………………………40
8	上腕を鍛えるタイタニックポーズ ………………42
9	いすを使った腕立て伏せ …………………………44

●腹筋・体幹のトレーニング

1	腕立て伏せ ……………………………………………46
2	バランストレーニング ……………………………48
3	仰向けで両手を上げて ……………………………50
4	いすを使った腹筋 …………………………………51
5	大腰筋を強くするトレーニング …………………52
6	横向き体幹トレーニング …………………………54
7	仰向け腰上げ ………………………………………56
8	仰向け首上げ ………………………………………57

コラム 尿失禁を予防する運動 ……………………58

第2章 70歳からのストレッチ 実技編 **59**

70歳からのストレッチのポイント ………………………60

●下肢のストレッチ

1	太ももの裏を強化するストレッチ ………………62
2	大腰筋のストレッチ ………………………………64
3	ゆるやか前屈のストレッチ ………………………66
4	股関節をやわらかくする運動① …………………68
5	股関節をやわらかくする運動② …………………70

5

6 坐骨神経痛を予防するストレッチ …………………………………72

●上肢のストレッチ

1 肩こり改善トレーニング …………………………………………74
2 大胸筋のストレッチ ………………………………………………76
3 腕伸ばし ……………………………………………………………78
4 首のストレッチ ……………………………………………………80

●体幹のストレッチ

1 座ってストレッチ …………………………………………………82
2 座って背筋伸ばし …………………………………………………84
3 タオルを使ったストレッチ ………………………………………86
コラム 筋トレが長続きする人・しない人 ……………………………88

第3章 なぜ筋トレは健康長寿に有効か?　89

●高齢者の運動

高齢者こそ筋トレが有効である理由 ……………………………………90
使わないとどんどん衰える頭と体 ………………………………………92
加齢による衰えを予防する筋トレ ………………………………………94
歩く速度が速い人は元気な人 ……………………………………………96

●筋トレの効果

高齢者に有効な4つの運動 ………………………………………………98

筋トレに期待できるさまざまな効果……………………………………100
筋トレは認知症予防に役立つ……………………………………………102

●転倒予防の効果

転倒・骨折から寝たきりになりやすい…………………………………104
高齢期に強化したい抗重力筋……………………………………………106

●筋トレの実際

トレーニングの原則を知ろう……………………………………………108
効果的に筋力を向上させるためのポイント……………………………110
ウォーキングと組み合わせるとより効果的……………………………112
長く続けるために心がけたいこと………………………………………114
前向きな老年期を過ごすのに役立つ筋トレ……………………………116
高齢者が安全に筋トレを行うためのポイント…………………………118

●筋トレの基本形

自宅で簡単にできる転倒予防プログラム………………………………120

本書に関係する主な筋肉…………………………………………………127

協力／株式会社耕事務所
カメラ／細谷忠彦
カバーデザイン／上筋英彌（アップライン）
本文デザイン／石川妙子
本文イラスト／山下幸子

実技ページの見方

❶**実技のタイトル**　トレーニングの部位と実技名

❷**実技の解説**　実技の効果や注意点を解説しています。

❸**難易度**　身体的な負担の大きさや難しさによって難易度を表示しています。
　★……………その場で気軽に始められ負担の少ない運動です。
　★★…………★より負担は大きいですが、比較的らくにできる運動です。
　★★★………やや負担は大きくなりますが、健康なら普通にできる運動です。
　★★★★……健康な人でも負担に感じる運動で、効果も大きい運動です。
　★★★★★…大きな効果が期待できますが、負担が大きいので回数に気をつけましょう。

❹**回数**　行う回数のめやすです。体調によって減らしましょう。

❺**目標の筋肉・部位**
　1つの運動ではさまざまな筋肉・部位に影響を与えますが、とくに効果が期待できるところを示しています。

❻**動作の解説**　どのような動きをするかポーズの解説をしています。

❼**体の動き**　体の動きを（→）で示しています。

❽**インデックス**　目的のページを探す見出しです。

8

第1章

70歳からの筋トレ 実技編

70歳からの筋トレのポイント

高齢者の筋トレでは、加齢とともに少なくなる筋繊維をカバーするために、神経と筋肉を一体のものとして鍛えることが大切です。

● 70歳からの筋トレで意識したいこと

筋トレというと重いものを持ち上げて、疲労させることと思っている方が多いと思います。半分当たっているのですが、70歳からの筋トレでは神経と筋肉のつながりを良くすることを意識していかなければなりません。年をとると筋線維数が少なくなり、とっさに強い力を出すことができる筋線維（速筋線維）が減っていくことがわかっています。年をとっても筋力を維持していくためには、神経から筋肉に命令を出してしっかりと動かすことを意識していくことが重要です。

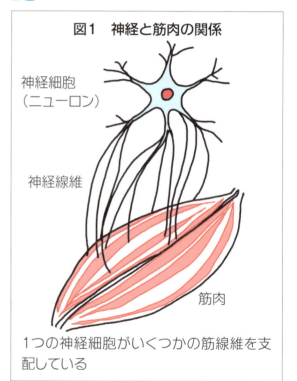

図1　神経と筋肉の関係

1つの神経細胞がいくつかの筋線維を支配している

● 運動のパターンを利用する

神経と筋肉のつながりを良くするには、運動のパターンを理解することが大事です。たとえば、相撲の技の「のど輪」はのどを絞めて苦しいから力が出せ

ないのではなくて、あごが上がると体の力が抜けてしまう体の原始的な反応を利用しているのです。

図3は「非対称性緊張性頸反射」と呼ばれる赤ちゃんに見られる原始反射ですが、野球選手が最高の力で球を投げるときにもよく似たパターンを見せます。左の足、左の手が伸びて、右の手、右の足が曲がっていることがわかると思います。

図2　相撲の「のど輪」
あごが上がると力が抜けてしまう

図3　赤ちゃんの非対称性緊張性頸反射

図4　野球選手の非対称性緊張性頸反射

ですから、70歳からの筋トレでは、手足を別々に考えるのではなくて、手と足、そして頭が一体となってトレーニングすることがよいのです。これによって、筋肉と神経の流れがよくなって、効率よく筋肉が鍛えられるとともに、いざというときに素早く反応ができる筋肉を育てることができます。

● 下肢のトレーニング1

1/4スクワット

立つ、座る、移動するといった日常生活の動作に主要な役割を果たす抗重力筋を鍛えます。年配の方は、抗重力筋が衰えると転倒しやすくなるので、意識的に鍛えるようにしましょう。

難易度 ★★★

| 回数 | 5〜10回 |

●目標の筋肉
大腿四頭筋（だいたいしとうきん）
大殿筋（だいでんきん）

1 腰をゆっくり下ろす

大腿四頭筋を引き伸ばします。

● 横から見たポーズ

ひざの角度は曲げすぎず、ひざが120度くらいで止めます（ひざへの負担が少ない）。

120度くらい

ゆっくり腰を下ろす

2 手の位置はお好みで

お尻を下げる場合、重心がやや後ろになるので、手を伸ばしたほうが安定しやすいです。

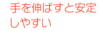

手を伸ばすと安定しやすい

尻を出すとひざへの負担が少ない

● 横から見たポーズ

出っ尻の姿勢になると、ひざの負担が減り、大殿筋への負荷が高まります。

3 筋肉の膨らみを確認

ひざを伸ばして、最初のポーズに戻ったら、最後にひざの両側の筋肉に力を入れます。

最後に太ももにギュッと力を入れて、筋肉の膨らみを確認する

第1章 70歳からの筋トレ 実技編

下肢のトレーニング1 1/4スクワット

● 下肢のトレーニング2

砲丸投げ

神経筋連関を強くする、手と足を同時に伸ばすスクワットです。非対称性緊張性頸反射（※）のパターンを利用します。しっかりとひざを曲げ、体重を保持したまま打ち上げるイメージです。

難易度 ★★★★★

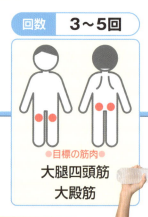

回数 **3～5回**

●目標の筋肉●
大腿四頭筋
大殿筋

1 砲丸投げのポーズ

右のひざを十分に曲げて体を傾けます。左手をまっすぐ斜めに伸ばします。

力をためて

2 真上に伸ばす

ペットボトルを真上に持ち上げるように、右手を伸ばします。重心をゆっくり左足に移しながら、真上に上げるイメージです。

真上に持ち上げる

● 後ろから見たポーズ

伸ばした手と体幹、ペットボトルを持つ手が、できるだけ一直線になるように。

● 後ろから見たポーズ

十分に体を伸ばします。

3 反対のポーズ

ペットボトルを持つ側に体重をしっかりかけます。

● 後ろから見たポーズ

伸ばした手と体幹、ペットボトルを持つ手が、できるだけ一直線になるように。

4 真上に伸ばす

● 後ろから見たポーズ

体が十分に伸びています。

※非対称性緊張性頸反射＝首を右に向けると、右の手足は伸び、左の手足は曲がる反射のこと（11ページ参照）。

● 下肢のトレーニング3

スクワット&カーフレイズ

最も効率的に下半身を強化できるスクワットに、足首を屈伸させて爪先立ちになるカーフレイズを加え、立ったり歩いたりするときにとても大切な下肢の筋肉を鍛える動きを加えています。

難易度 ★★★☆☆

回数 5～10回

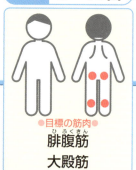
●目標の筋肉●
腓腹筋
大殿筋

1 つま先立ち

ゆっくりひざを伸ばしながら、かかとを上げます。バランスを崩しやすい人は、壁などにつかまって行いましょう。

●後ろから見たポーズ
腓腹筋（ふくらはぎ）に力が入っているのがわかります。

↑ かかとを上げる

2 さあ、重量上げ

腰を下ろし、力をためます。

腰を下ろす →

●後ろから見たポーズ
腰を十分に下ろします。

3 ひざを伸ばし両手を上げる

腰を上げて両手を伸ばします。

4 両手を天高く

かかとを上げ、ひざを伸ばし腓腹筋と大腿四頭筋（太もも）を十分に伸ばします。

● 後ろから見たポーズ

体が十分に伸びているのがわかります。

●下肢のトレーニング4

体の前で腕の交差

腰を上げ下げしながら、腕を交差させ、ふくらはぎを伸ばします。お尻の筋肉を働きやすくする運動です。高齢の方が「どっこいしょ」と立ち上がりにくくなる状態を改善します。

難易度 ★★★☆☆

回数 5～10回

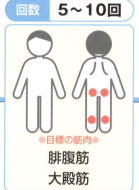

●目標の筋肉●
腓腹筋
大殿筋

1 ガニ股でふんばる

ひじを曲げ手を前に伸ばしながら、腰を下ろしていきます。

腰を下ろす

●斜め後ろから見たポーズ
かかとをつけて腰を下ろします。

2 ひざを伸ばし上肢を伸ばす

ひざを伸ばすと同時に上肢を伸ばします。

3 手を伸ばして交差

つま先立ちして、腕を前に伸ばして手を交差させます。

交差させる
かかとを上げる

大殿筋にギュッと力を入れて、お尻を絞める

● 斜め後ろから見たポーズ

手を交差させるとき、お尻の絞めを強めます。

●下肢のトレーニング5

片足スクワット（ランジ）

片足を前に出して、後ろに重心を残しながら体を沈めていく「ランジ」と呼ばれるスクワットです。左右いずれの太ももも鍛えられるトレーニングです。

難易度 ★★★★☆

回数 **10〜20回**

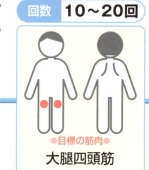

●目標の筋肉●
大腿四頭筋

1 大きく前へ一歩

まっすぐ立ったら、片足を大きく前に一歩踏み出します。

2 体を沈める

後ろの足に重心を戻しながら、ゆっくりと前の脚を曲げます。

3 ペットボトルを持って

トレーニングの強度を高める場合はペットボトルなどを持って行う方法があります。

大きく前へ一歩

後ろの足に体重を残す

● 下肢のトレーニング6

かえる足スクワット

少しガニ股でスクワットを行うことで、四頭筋のなかでも外側広筋の収縮を高めることができます。ガニ股になることで、ひざに違和感を感じる人は「1/4スクワット（12ページ）」に戻します。

難易度 ★★☆☆☆

回数 **10〜20回**

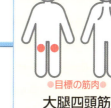
●目標の筋肉●
大腿四頭筋

1 つま先を開き気味に

つま先をやや開き気味にまっすぐに立ちます。

2 腰を下ろす

つま先に向かってややガニ股に腰を下ろし（スクワット）ます。

3 脚を伸ばす

そのままゆっくり伸ばします。手を太ももの外側に添えて、筋肉の収縮を確認してみましょう。

つま先を開き気味に

ひざを外に向けて開く

ゆっくりひざを伸ばして、太ももの外側にギュッと力を入れる

●下肢のトレーニング7

片足上げ

片足を上げてハムストリングを鍛える運動です。ゆっくり脚を後ろに上げていきますが、ふらつく人は壁やいすなどにつかまりながら行うと安定します。

難易度 ★★★☆☆

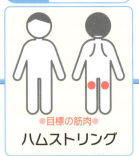

回数 5〜10回

●目標の筋肉●
ハムストリング

1 ハムストリングを確認

まずはハムストリングの位置を確認しましょう。立っているのが不安定な人は、壁やいすなど安定した物につかまって行うとよいでしょう。

ハムストリングに手をあてる

2 ゆっくりとひざを曲げる

ハムストリングに手をおきながら、ひざを曲げてゆっくり太ももを後ろに上げていきます。

3 つま先を伸ばす

脚を後ろに十分に上げたとき、つま先を伸ばすとより負荷がアップします。

足を上げる

大きく上げる

背筋は伸ばして

● 後ろから見たポーズ

背筋を伸ばすと姿勢が安定します。

第1章 70歳からの筋トレ 実技編

下肢のトレーニング7 片足上げ

● 下肢のトレーニング8

いすに座って足上げ

まず軽い運動では、座って床に足を着けつま先を上げます。次に両足を伸ばし、腹筋の筋収縮を行い体幹の固定性を高めます。腰痛のある人は両足を伸ばして行う運動を行わないでください。

難易度 ★★★★★

| 回数 | 3〜5回 |

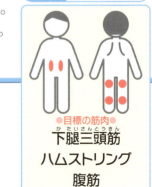

●目標の筋肉●
下腿三頭筋（かたいさんとうきん）
ハムストリング
腹筋

◆つま先を上げる

1 軽く腰かける

いすに軽く腰かけて、背をまっすぐに伸ばします。

2 つま先を上げる

両足のつま先を上げます。何回かくり返します。

背筋を伸ばす

つま先を上げる ↑

◆両足を伸ばす

1 両足を伸ばして上げる

つま先を伸ばして両足を上げます。

つま先を伸ばす

両足を上げる

2 つま先を上げる

足を持ち上げたまま、つま先を上げます。

つま先を上げる

3 つま先を上げたまま

足を水平になるくらいまで上げ、つま先を上げたままの姿勢をしばらく保持します。

両足をさらに上げる

第1章 70歳からの筋トレ 実技編

下肢のトレーニング8 いすに座って足上げ

25

● 下肢のトレーニング9

うつ伏せ足上げ

お尻の筋肉である大殿筋は、姿勢や歩行速度に関係する筋肉です。この筋肉を鍛えることで歩行がしやすくなり、転倒しにくくなります。腰を伸ばすと痛みがある人は行いません。

難易度 ★★★★☆

回数 5〜10回

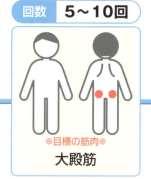

●目標の筋肉●
大殿筋

1 うつ伏せに寝る

両手をあごの下で組んでうつ伏せに寝て、体をまっすぐ伸ばします。

体をまっすぐ伸ばす

2 片脚を上げる

片脚を太ももからまっすぐ上げます。

ももから上げる

3 片足のつま先を曲げる

上げた足のつま先を曲げて、アキレス腱を伸ばします。

つま先を曲げる

4 片足、片手を上げてバランス

右下肢・左上肢、左下肢・右上肢という具合に、左右非対称に行うとバランスが高まり、筋肉の収縮力がアップします。

右足を上げる

左手を上げる

●上肢のトレーニング1

タオルで重量上げ

肩の動きを改善し、上肢の動きをスムーズにします。元気よく動かしますが、背中を後ろに反らせすぎないように気をつけましょう。腰痛の原因になることもあります。

難易度 ★★★☆☆

回数 **5〜10回**

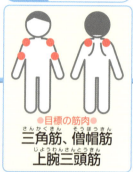

●目標の筋肉
三角筋、僧帽筋
上腕三頭筋

1 タオルを首の後ろで渡す

タオルを両手で持ち、首の後ろで渡します。

強く引っ張る

2 タオルを持ち上げる

タオルを強く引っ張り持ち上げます。

ゆっくり上げる

3 天高く持ち上げる

首の後ろからなるべく真上に上げるようにします。

高く上げる

4 タオルを首の前で渡す

タオルを体の前で引っ張ります。

強く引っ張る

5 ゆっくり持ち上げる

首の前から斜め上にゆっくり上げるようにします。

斜め上に上げる

6 高く持ち上げる

背中を反らせすぎないように高く上げます。

高く上げる

第1章 70歳からの筋トレ 実技編

上肢のトレーニング1 タオルで重量上げ

● 上肢のトレーニング2

両手を広げて上げ下げ

肩を外転する三角筋をトレーニングし、肩の安定性をよくします。親指を下向きにすることによって、肩の小さな筋肉を活性化させ、肩の巧緻性（器用に動くこと）を高めます。

回数 5～10回

難易度 ★★★☆☆

●目標の筋肉●
肩外転筋

1 親指を立てて両手を広げる

親指を立てて、両手を水平にまっすぐに広げます。

両手の親指を立てる

上げる

2 両手を上げる

そのままゆっくりと両手を上げます。

3 ペットボトルを上げる

ペットボトルを持つと負荷が高まります。

ペットボトルを持って

4 ペットボトルを下向きに持つ

今度はペットボトルの向きを下にします。

ペットボトルを下向きに持つ

● 後ろから見たポーズ

肩の筋肉が収縮します。

5 下向きのまま両手を上げる

水平の位置にくるまで両手を上げます。

下向きのまま上げる

6 ペットボトルなしで

ペットボトルなしでも効果はあります。

● 後ろから見たポーズ

第1章 70歳からの筋トレ 実技編

上肢のトレーニング2　両手を広げて上げ下げ

●上肢のトレーニング3

肩の痛みを予防する運動

肩の小筋群をトレーニングすることで、肩関節の動揺にともなう肩の痛みを予防する効果が期待できます。簡単にできる運動なので、日常的に行うと肩の動きがスムーズになります。

難易度 ★★★☆☆

回数 5〜10回

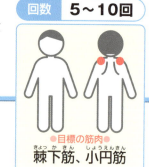

●目標の筋肉●
棘下筋（きょっかきん）、小円筋（しょうえんきん）

◆タオルの両端伸ばし

1 タオルを体の前でたたんで持つ

ひじを体につけ、タオルを持ちます。

2 左右に引っ張る

ひじを体につけたままタオルを引っ張ります。

3 タオルなしでも有効

タオルがなくても同じように行うこともできます。

ゆっくり力強く

タオルなしで

32

◆ 肩の上げ下げ

1 肩を下げて立つ

まっすぐに立って肩をやや下げます。

足をやや開く

2 肩を上げる

肩を上げると同時にひじを上げます。

肩を上げる　　ひじを伸ばす

3 腕を上げる

頭の近くまで（上がるところまで）腕を上げます。

上がるところまで

● 後ろから見たポーズ

肩の筋肉が収縮します。

肩の筋肉に負荷がかかる

4 腕を左右に開く

ひじを外に回転させる

ひじを体につけたまま左右に開きます。

第1章　70歳からの筋トレ　実技編

上肢のトレーニング3　肩の痛みを予防する運動

33

●上肢のトレーニング4

いざ、お手合わせ

肩周辺の筋肉の機能的トレーニングです。肩伸展(伸ばす動き)と同時に肩の外旋(外側に回転させる動き)、ひじの伸展を行い、肩伸展の神経筋のはたらきをよくする効果があります。

難易度 ★★★★☆

回数 5〜10回

●目標の筋肉●
肩周囲筋

1 タオルを剣に見立てて

タオルの両端を両手で持ち鞘に収めるようなポーズ。

2 剣を抜く

剣に見立てたタオルを天に向かって抜き上げます。

ゆっくりと力強く

タオルを持つ

● 後ろから見たポーズ

肩周辺の筋肉がはたらいています。

3 タオルを使わないで

タオルを使わなくても効果があります。

4 剣を引き抜く

天を向いて、手を上げます。

手を上げる

手を伸ばす

5 剣を高く引き上げる

剣を持った手を天高く上げるように。

● 後ろから見たポーズ

肩周辺の筋肉が働いています。

● 上肢のトレーニング5

空を押し上げて

肩が凝るなど肩の動きがスムーズでない人におすすめの運動です。肩や上肢の動きの改善に役立ちます。ただ、上げたとき、体を反らせすぎると腰痛の原因になるので注意しましょう。

難易度

回数 **5〜10回**

●目標の筋肉●
さんかくきん
三角筋
じょうわんさんとうきん
上腕三頭筋

1 両手を曲げて

両手を曲げて耳のところまで上げます。

ひじを曲げる

2 天に向かって押し上げる

天に向かってゆっくり上げていきます。

両手をゆっくり上げる

伸ばせるところまで

3 大きく伸ばす

伸ばせるところまで伸ばします。

4 ペットボトルを使って

ペットボトルを使うと負荷が高くなります。

5 天に向かって押し上げる

天に向かってゆっくり押し上げます。

● 後ろから見たポーズ

肩の周辺の筋肉に効果があります。

6 大きく伸ばす

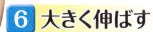

伸ばせるところまで十分に伸ばします。

● 後ろから見たポーズ

肩の筋肉が伸びます。

● 上肢のトレーニング6

手を組んで

両手を体の前で組むだけで、腕にかかわる筋肉の強化ができます。簡単な運動なので、プラスワンのトレーニングに取り入れるとよいでしょう。

難易度 ★★☆☆☆

回数 **10〜20回**

●目標の筋肉
大胸筋、菱形筋
僧帽筋

◆合掌ポーズ

■ 手のひらを合わせて力を入れる

手のひらを体の前で合わせ、徐々に力を入れます。大胸筋の強化に役立ちます。

手のひらを合わせる

肩甲骨の周辺の筋肉

● 後ろから見たポーズ

肩甲骨周辺の筋肉も強化します。

◆手を引き合う

体の前で指を連結させるように組み、両手を引き合います。肩甲骨の内転筋をはたらかせます。

◆手の甲を押す

手を前方に伸ばし、もういっぽうの手で甲を押します。両手に力を入れて互いに反発させます。

手の甲を押す

引き合う

第1章 70歳からの筋トレ 実技編

上肢のトレーニング6　手を組んで

● 後ろから見たポーズ

肩甲骨周辺の筋肉を強化します。

39

● 上肢のトレーニング7

グーパー&筋肉もりもり

腕の筋肉を鍛える簡単な運動です。「グーパー」は手の痛みを予防する効果があるほか、指の動きをよくし握る力を改善します。「筋肉もりもり」は腕の働きをよくして持つ力を改善します。

回数 **10〜20回**

難易度 ★☆☆☆☆

●目標の筋肉●
前腕諸筋
上腕二頭筋

◆グーパー

1 グーを握って前へ伸ばす

グーを握ってまっすぐ腕を前に伸ばします。

グーを握る

2 下向きにパーっと開く

なるべく大きく下向きに手を開きましょう。

下向きに開く

◆筋肉もりもり

1 腕を上に向けて前に伸ばす

腕を上向きに伸ばしてややひじを曲げます。

2 ひじを曲げる

ひじを曲げて上腕に力を入れます。

3 ひじを伸ばしパーっと手を開く

ひじを伸ばして、それをくり返します。

グーを握る

ひじをゆっくり曲げる

ひじを伸ばす

指を開く

4 上腕の筋肉がもりもり

筋肉の動きに意識を集中することが大切です。

● 上肢のトレーニング8

上腕を鍛えるタイタニックポーズ

腕の筋肉を鍛えることで日常生活動作を改善します。息を止めないように注意しながら、筋肉に意識を集中させます。タイタニックポーズでは全身を伸ばすとともに胸を伸ばします。

難易度 ★★★☆☆

回数 5～10回

●目標の筋肉●
上腕三頭筋など
上腕筋

◆片腕押さえ

1 片腕を押さえる

右手で左手首を上から下に抑え、左手はそれに反発してひじを支点に上腕を上に動かします。

2 力を入れていく

息を止めないように注意します。左右行います。

ひじを支点にする

◆タイタニックポーズ

1 両手を上げてひじを曲げる
片足を後ろに引いて、両手を上げます。

2 体重を後ろに移す
体重を後ろの足にかけて、両手を前に上げます。

3 ひじを伸ばして体を伸ばす
体重を前にかけ体を伸ばし、両手をまっすぐ下に伸ばします。

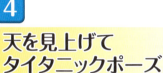
体重を後ろにかける

片足を後ろに引く

体重を前にかけ、体を伸ばす
手を伸ばす

4 天を見上げてタイタニックポーズ
全身を伸ばすとともに胸を伸ばします。

天を見上げる

第1章 70歳からの筋トレ 実技編

上肢のトレーニング8 上腕を鍛えるタイタニックポーズ

43

●上肢のトレーニング9

いすを使った腕立て伏せ

いすを使って上腕三頭筋などの腕の筋肉を鍛えるトレーニングです。いすに座って手すりを利用した運動は手軽に行えます。「いすを使った腕立て伏せ」は負荷を強くしたいときに行います。

難易度 ★★★★★

回数 3〜5回

●目標の筋肉●
上腕三頭筋（じょうわんさんとうきん）
鋸状筋（きょじょうきん）

◆いすに座って腕立て伏せ

1 ひじ掛けに手をおく

手すりのある安定したいすを用意します。

2 ひじを伸ばして体重を支える

ひじを伸ばします。

● 後ろから見たポーズ

腕だけで支えられない場合は、足を使って立ってもかまいません。

手に力を入れる

ひじを伸ばす

◆座面を使った腕立て伏せ

1 いすに両手をかける

かべ立て伏せの変形です。さらに負荷が欲しいときに行います。

いすが動かないように

2 ひじを曲げて腕立て伏せ

ひじをしっかり曲げてから伸ばすと、さらにトレーニング負荷がアップします。ひじの角度は疲労度によって変えてください。

ひじをしっかり曲げる

●腹筋・体幹のトレーニング1

腕立て伏せ

床に手をついて行う腕立て伏せは、上肢・体幹のトレーニングとしては手軽にできて最もポピュラーなものです。ひざを立てたり、足を交差させたり、腰を上げたりするバリエーションの運動です。

回数 3〜5回

●目標の筋肉●
上腕三頭筋（じょうわんさんとうきん）
体幹全体

難易度 ★★★★★

◆ひざ立て腕立て伏せ

1 ひざを立てたまま

足を伸ばした腕立て伏せが難しい人は、ひざを立てたままでも効果はあります。

両手を床につける

2 腕立て伏せ

ひじを曲げますが、ひざに痛みがある人はこの運動は向きません。

ひじを曲げる

◆脚を交差させて

1 両手で体を支えて脚を交差させる

ひざをついたまま、足を交差させます。

交差させる

46

2 ゆっくりひじを曲げる

股関節の屈曲具合を調節すると、負荷が変わります。

ひじを曲げる

3 可能な範囲で曲げる

ゆっくりひじを曲げていき、体を沈めます。できる範囲でかまいません。

十分に下ろす

◆腕立てで腰上げ

1 ひじで体を支える

ひじで体を支え、つま先に力を入れます。

体をまっすぐに

ひじで体を支える

2 腰をできるだけ上げる

腰を上げると体幹のトレーニングとして効果的です。

腰を上げる

●腹筋・体幹のトレーニング2

バランストレーニング

まず、ひざを曲げて四つばいになって行う運動です。続いて、その応用編のいすを使ったバランストレーニングです。背骨に沿って走る脊柱起立筋を強くし、体幹の安定性を高めます。

難易度 ★★★☆☆

回数 5〜10回

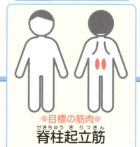

●目標の筋肉●
脊柱起立筋（せきちゅうきりつきん）

◆四つばいバランス

1 四つばいになる

腰を上げて四つばいになります。

2 片手を上げる

片手を上げることで、体を支える脊柱起立筋が少し強く働きます。

片手を伸ばす

3 上げた手と反対の足を上げる

手と足を同時に上げることで、脊柱起立筋が強く働きます。手、肩、反対側のお尻、足が一直線になるように動かします。

◆いすを使ったバランス

1 両手をついて片足を上げる

両手をいすについて、片足を上げてバランスをとります。

反対側の足を上げる

片足を上げる

しっかり支える

足と反対側の手を上げる

2 上げた足と反対の手を上げる

片足立ちで行うことで、体のバランスを保つ運動にもなります。

●腹筋・体幹のトレーニング3

仰向けで両手を上げて

ひざを曲げて仰向けに寝て行う運動です。両手を広げて絞るようにして前に突き出します。胸の筋肉(大胸筋)が鍛えられ、体幹の安定性を高めます。何度かくり返します。

難易度 ★★☆☆☆

回数 10〜20回

●目標の筋肉●
大胸筋(だいきょうきん)

1 仰向けに寝て手を上に

床に寝て両手を広げます。

両手を広げる

2 両手を押し上げる

手のひらを十分に開いて上に押し上げます。この時に胸の筋肉をギュッと絞るように意識すると効果が増します。

押し上げる

3 ペットボトルを使って

ペットボトルを使うと負荷を上げることができます。

ペットボトル

●腹筋・体幹のトレーニング4

いすを使った腹筋

床に仰向けになって行う腹筋トレーニングの応用です。いすに腰かけて体を前後に動かしたり、片足・両足を上げてバランス感覚を鍛えます。

難易度 ★★★★☆

回数 **5～10回**

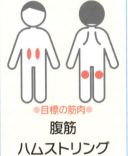

●目標の筋肉●
腹筋
ハムストリング

1 手を首の後ろで組んでゆっくり体を起こす

体をゆっくり前方に起こします。このとき胸と股間を近づけるようにして、お腹の筋肉にギュッと力を込めると効果的です。

手を組む

2 片足を上げる

手を組んだまま次に片足を上げます。

片足を上げる

3 両足を上げる

片足ずつ上げたら、最後に両足を上げます。

両足を上げる

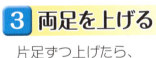

● 腹筋・体幹のトレーニング5

大腰筋を強くするトレーニング

大腰筋は、胴体と両脚をつなぐ役割をしている筋肉のことです。この大腰筋が弱くなると、転倒しやすくなるうえ、腰痛になったり姿勢が悪くなったりします。

難易度 ★★★☆☆

回数 5～10回

●目標の筋肉●
大腰筋

◆ ひざ押さえ

1 手を両ももにおく

骨盤近くに手をおき、体の奥にある大腰筋を意識します。大腰筋は背骨と太ももの骨（大腿骨）をつなぐ体の奥にある筋肉です。

2 ひざを上げ、そのひざを両手で押す

ひざを上げながら、上から押して抵抗を加えます。

ひざを上から押す

ひざを上げる

◆座ってランニング

1 片足を上げて反対の手を上げる

片足を上げてバランスをとりながら反対の手を上げます。

2 反対の足を上げる

反対の足を上げて、体をひねります。

体をひねる

3 また反対の足を上げる

今度は逆の足。

4 体をひねってランニング

ランニングをくり返します。

第1章 70歳からの筋トレ 実技編

腹筋・体幹のトレーニング5 大腰筋を強くするトレーニング

●腹筋・体幹のトレーニング6

横向き体幹トレーニング

床に横向きに寝て、ひじを着いたポーズからスタートします。横向きはぐらぐらして、安定しにくいものですが、不安定な動作を行うことによって、体幹の核となる筋肉の活性化を図ります。

回数 3〜5回

難易度 ★★★★★

●目標の筋肉●
体幹
股内転筋

◆ 横向きバランス

1 ひじをついて横向きに

横向きに寝て、ひじをつきます。もういっぽうの手で体を支えます。

ひじを立てる

2 横向きに寝てひじで支える

ひじで体を支え、もういっぽうの手は腰におきます。しばらく静止します。

腰に手をおく

ひじで体を支える

3 片手を上げる

体が安定したら、もういっぽうの手を上に広げます。

手を伸ばす

◆横向き足上げ

1 横向きに寝て足を交差

横向きに寝て、体を起こし足を交差させます。

ひざを立てて交差

2 床についた足のつま先を上げる

床についた足を上げ、同時につま先を上げます。

つま先を上げる

3 逆の足も上げる

左右同じ回数を行います。

●腹筋・体幹のトレーニング7

仰向け腰上げ

仰向けに寝て行う大殿筋のトレーニングです。簡単にできる運動なので、寝る前に布団の上でも手軽に行えます。姿勢と歩行をよくするので、とくに高齢者に推奨される運動です。

難易度 ★☆☆☆☆

回数 10〜20回

●目標の筋肉●
大殿筋
腹筋

1 仰向けに寝てひざを曲げる

仰向けに寝て手を床につけて、ひざを立てます。

ひざを立てる

2 腰を浮かせる

お尻を絞るようにして腰を上げます。

腰を浮かせる

3 大殿筋を確認

お尻に手をおき、大殿筋の収縮を確認します。

大殿筋を強化する

◆座ってランニング

1 片足を上げて反対の手を上げる

片足を上げてバランスをとりながら反対の手を上げます。

2 反対の足を上げる

反対の足を上げて、体をひねります。

体をひねる

3 また反対の足を上げる

今度は逆の足。

4 体をひねってランニング

ランニングをくり返します。

●腹筋・体幹のトレーニング6

横向き体幹トレーニング

床に横向きに寝て、ひじを着いたポーズからスタートします。横向きはぐらぐらして、安定しにくいものですが、不安定な動作を行うことによって、体幹の核となる筋肉の活性化を図ります。

回数 3〜5回

難易度 ★★★★★

●目標の筋肉●
体幹
股内転筋（こないてんきん）

◆ 横向きバランス

1 ひじをついて横向きに

横向きに寝て、ひじをつきます。もういっぽうの手で体を支えます。

ひじを立てる

2 横向きに寝てひじで支える

ひじで体を支え、もういっぽうの手は腰におきます。しばらく静止します。

腰に手をおく

ひじで体を支える

3 片手を上げる

体が安定したら、もういっぽうの手を上に広げます。

手を伸ばす

◆横向き足上げ

1 横向きに寝て足を交差

横向きに寝て、体を起こし足を交差させます。

ひざを立てて交差

2 床についた足のつま先を上げる

床についた足を上げ、同時につま先を上げます。

つま先を上げる

3 逆の足も上げる

左右同じ回数を行います。

●腹筋・体幹のトレーニング7

仰向け腰上げ

仰向けに寝て行う大殿筋のトレーニングです。簡単にできる運動なので、寝る前に布団の上でも手軽に行えます。姿勢と歩行をよくするので、とくに高齢者に推奨される運動です。

難易度 ★☆☆☆☆

回数 10～20回

●目標の筋肉●
大殿筋
腹筋

1 仰向けに寝てひざを曲げる

仰向けに寝て手を床につけて、ひざを立てます。

ひざを立てる

2 腰を浮かせる

お尻を絞るようにして腰を上げます。

腰を浮かせる

3 大殿筋を確認

お尻に手をおき、大殿筋の収縮を確認します。

大殿筋を強化する

●腹筋・体幹のトレーニング8

仰向け首上げ

ひざを曲げず体を起こす「腹筋」トレーニングはアスリート向けにおなじみですが、高齢者が行う場合は、ひざを曲げて負荷を下げても十分効果があるので、日常的に続けましょう。

回数 5〜10回

難易度 ★★★☆☆

●目標の筋肉●
腹筋

1 ひざを曲げて頭を上げる

ひざを曲げて、頭を上げ、しばらく静止します。このポーズだけでも、効果があります。両手でお腹を触って筋肉の収縮を感じましょう。

頭を上げる

2 両手で首を支える

両手を首の後ろで組み、頭を上げます。

手を組む

3 上半身を起こす

首と同時に体を起こします。起こしきらなくても、上がる範囲でかまいません。

頭をさらに上げる

57

COLUMN

尿失禁を予防する運動

● **尿失禁から寝たきりになる恐れも**

　高齢者のなかには尿失禁を恐れて外出を控え、日々の活動が低下する人がいます。とくに体の構造上、女性に尿失禁が多く、だれにも相談できず悩みを抱える人も少なくありません。引きこもりがちの生活から、運動不足になり全身の機能が衰え、やがて寝たきりの生活に陥ることもあります。

　尿失禁には、せきやくしゃみで尿漏れする「**腹圧性尿失禁**」、病気などが原因でトイレに行くまでもたない「**切迫性尿失禁**」、少しずつ漏れる「**溢流性尿失禁**」、日常生活動作の機能低下や認知症から起こる「**機能性尿失禁**」があります。女性に多い、ちょい漏れの「**腹圧性尿失禁**」は、尿道や膀胱、直腸や子宮などの臓器をハンモックのように下から支える骨盤底筋がゆるむことで起こります。

● **尿漏れ予防には骨盤底筋を鍛える運動が有効**

　この骨盤底筋を鍛え尿漏れを防ぐには、尿道括約筋や肛門括約筋を強化する運動が有効です。それには、「尿道を締める運動」「肛門を締める運動」を行いますが、短く「ぎゅっと締める」運動と長く「ぎゅ〜っと締める」運動をくり返すと効果的です。寝ても、座っても行えるので日常的に行いましょう。

　さらに、股関節周辺などの筋肉や腹筋を鍛える次のような運動も有効なので、取り入れましょう。

うつ伏せ足上げ（26ページ参照）

大腰筋を強くするトレーニング（52ページ参照）

仰向け腰上げ（56ページ参照）

第2章

70歳からのストレッチ
実技編

70歳からの
ストレッチのポイント

ぐいぐい伸ばすストレッチは高齢者には危険です。
「止め」を意識したストレッチが安全で効果的です。

● 高齢者の方に重要な「止めストレッチ」

　筋トレに比べてストレッチは体にやさしいと思っている人が多いようですが、70歳以上の方では、むしろストレッチによるケガが多いのです。というのも若いときに比べて筋肉や靭帯（じんたい）の柔軟性が低下していますから、少しの負荷でも切れやすくなってしまうのです。そこで70歳からケガのない、効果的なストレッチができるようにする工夫が「止めストレッチ」なのです。

　みなさんも図1のように、足を上げてひざを伸ばして座ってみた経験があるのではないかと思います。10分20分と同じ姿勢を続けて、立ち上がろうとしたときにひざがしびれたように曲がらなくなったのではないでしょうか。これは十分にひざが伸ばされたサインです。ストレッチといってもぐいぐいと引き伸ばさなくても、よく伸びた状態で止めておくだけで無意識のうちにストレッチされるのです。

　図2は前屈の図ですが、硬い体を無理に伸ばすのではなくて、楽に伸ばせるところまで曲げ、その位置でしばらく止めて体が自然にストレッチされるのを待つのです。

図1　リラックスした姿勢

図2　しばらく止める前屈

● 体の硬さは筋肉の防御反応

　ストレッチをすると体の硬さを感じると思うのですが、それは関節の硬さではなくて、関節に負担をかけないように第1の防波堤として、筋肉が緊張して体を守ろうとする作用があるからなのです。この第1の防波堤を突破して関節のストレッチを行うには、「止める感覚でストレッチして、筋肉に、関節に負担をかけるような危ないことはしませんよ」と、メッセージを発する必要があります。つまり、止めることによって、筋肉に危害を加えないことを知らせて、筋肉が自然と防御を解くのを待つのです。

● いくつかに分けてストレッチする

　さらに体が硬い場合には、いくつかに分けてストレッチするとよいでしょう。
　図3のように両足を伸ばしてストレッチをするのが大変なのであれば、図4のように足を開いて片足をたたんで行えば、必要とされる力は半分になります。また、70歳くらいになるといままでの体の使い方の癖によって、どちらかが硬くてどちらかが柔らかいという左右差が出やすくなります。図3のように両方をいっぺんに伸ばすと、硬いほうの足にはストレッチになりますが、柔らかいほうの足にはストレッチにならないこともあります。図4のように右足と左足別々に行うなど、できるだけ小分けにしてストレッチするとよいでしょう。

図3　まっすぐ足を伸ばすストレッチ

図4　足を開き片足を伸ばすストレッチ

●下肢のストレッチ1

太ももの裏を強化するストレッチ

太ももの裏側の筋肉（ハムストリング）を伸ばし、脚の振りをよくします。背筋を伸ばし、足首を背屈（甲側に関節を曲げること）することで、坐骨神経の伸展性（伸びること）を高めます。

難易度 ★★★★☆

回数 5～10回

●目標の筋肉●
ハムストリング
坐骨神経、中殿筋

1 背をまっすぐに

背筋を伸ばし、ひざ関節から折りたたむイメージで行います。

背筋を伸ばす

背中が丸まっている

●悪い例

頭は丸くなっていますが、腰が曲がっていないので、ハムストリングは伸ばされません。

2 つま先を引っ張る

手でつま先を引っ張り、さらに足首を伸ばすと坐骨神経が引き伸ばされます。

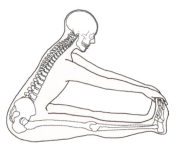

つま先を持つ

3 片足でもよい

腰が曲がりきらない人は、片足ずつ伸ばします。

4 反対の足のストレッチ

なるべく背中をまっすぐにして首は伸ばしておきます。

5 足を交差させる

足を交差させます。大殿筋の上部に位置する中殿筋を鍛えるストレッチです。

6 背を足に近づけて

床側のかけられた足を曲げて、かけた足のひざを引き寄せるようにして中殿筋を伸ばします。

●下肢のストレッチ2

大腰筋のストレッチ

股関節を伸ばすことで大腰筋のストレッチを行います。大腰筋は、背骨と両足をつなぐ筋肉で、弱まると腰痛が起きやすくなるだけでなく、転倒しやすくなり、寝たきりの原因になります。

難易度 ★★★★☆

回数 5〜10回

●目標の筋肉●
大腰筋など

◆床で腰伸ばし

1 床に座って足を伸ばす

片足を曲げ、伸ばした足のももを押さえます。手で押さえた部分が伸張するような感じで。

足を伸ばす

2 腰を上げる

ストレッチ感がない場合は、腰を上げて手で支えながらストレッチします。

手で支える

◆いすで腰伸ばし

1 いすに腰をかけ足を伸ばす

両手をいすについて、片足を上げてバランスをとります。

足を伸ばす

2 体をひねる

体をひねって、腰を伸ばします。

体をひねる

◆いすで足の持ち上げ

1 いすの背に手をかけ足を持ち上げる

バランスが良好な人は、立って行うこともできます。足首を持ち股関節を後ろに伸ばす意識で行います。大腿四頭筋の運動にもなります。

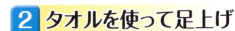

持ち上げる

2 タオルを使って足上げ

手が届かない場合はタオルを足首にかけて行うと楽にできます。

タオルを使って

第2章 70歳からのストレッチ 実技編　下肢のストレッチ2　大腰筋のストレッチ

65

●下肢のストレッチ3

ゆるやか前屈のストレッチ

床の前屈同様に太ももの裏側のハムストリングを伸ばすストレッチです。背を曲げず、股関節を中心に折りたたむように曲げると、ハムストリングが伸びる感じがします。

難易度 ★★★☆

回数 5〜10回

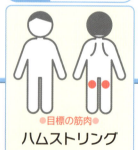
●目標の筋肉●
ハムストリング

1 足を広げて前屈

足を広げて、ゆっくり前屈します。

2 背中をまっすぐ

背中をまっすぐに伸ばし、手を床に近づけます。

背中をまっすぐにして

足を広げる

背中が丸まっている

● 悪い例
背中が丸まって、ハムストリングに力が加わりません。

3 ゆっくり前屈

無理のない範囲でゆっくり前屈します。床に着かなくても大丈夫です。

痛みがあったらやめる

4 足を交差させて

足を交差させて行うと、よりストレッチ感が高まります。

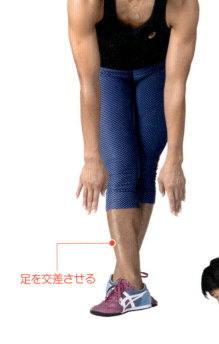

足を交差させる

5 足を交差させてゆっくり前屈

交差させて前屈します。

ハムストリングが伸びている

● 横から見たポーズ

太ももの裏側が伸びています。

第2章 70歳からのストレッチ 実技編

下肢のストレッチ3　ゆるやか前屈のストレッチ

67

● 下肢のストレッチ4

股関節をやわらかくする運動①

相撲のシコのような運動は股を開きやすくすることで、股関節唇（※）のはさみ込み現象（FAIという股関節唇が損傷する病態）を予防し、股関節前部や鼠径部にでる痛みを改善します。

難易度 ★★★☆☆

回数 5〜10回

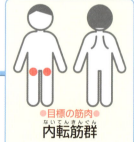
●目標の筋肉●
内転筋群

1 いすに座る

いすに背をまっすぐにして座ります。

2 大きく股を開く

座りながらお相撲さんのように股を広げます。

大きく足を開く

●横からみた股関節
※**股関節唇** — 骨盤
大腿骨が外れないよう縁取りをしているやわらかい軟骨。
大腿骨

3 両足首を持つ

股を広げたまま足首を持ちます。

足首を持つ

4 片足を組む

体をまっすぐに戻したら、片足を組んで太ももを上から押さえます。

5 反対側の足を組んで

反対側の足も行います。

足首を持つ

上から押さえる

●下肢のストレッチ5

股関節をやわらかくする運動②

股関節周辺の脚を曲げたりするときに使う筋肉と、伸ばすときに使う筋肉を鍛えるアクティブストレッチです。静的なストレッチのあと、リズミカルに脚を前後左右に動かし可動域を広げます。

回数 5〜10回

難易度 ★★★★☆

●目標の筋肉●
股関節屈筋群
伸筋群

1 いすの背を持つ

バランスを必要とするので、いすや壁につかまって行うとよいでしょう。

しっかりつかまる

2 勢いよく片足を上げる

いすを持つ手と反対の足を勢いよく上げます。

勢いよく上げる

3 勢いよく足を引く

上げたら、今度は勢いよく下ろし後ろに引きます。

背筋を伸ばして

4 何度もくり返す

リズミカルに何度もくり返します。

5 足を横に開く

前後の次は、足を横に開きます。

横に開く

6 開いた足を上げる

開いた足をゆっくり上げます。

高く上げる

7 反対側の足を上げる

反対の足も同様に行います。

● 下肢のストレッチ6

坐骨神経痛を予防するストレッチ

坐骨神経痛の原因の1つである梨状筋（りじょうきん）の緊張をとります。足をリズミカルに動かし、梨状筋の緊張をほぐします。最後に股関節の屈曲と大殿筋の伸張を行い、坐骨神経の痛みをやわらげます。

回数 5〜10回

難易度 ★★★☆☆

●目標の筋肉●
梨状筋群（りじょうきんぐん）

1 つま先を外側に向ける

いすに座り、足を伸ばしてつま先を外側に向けます。

2 内側に向ける

続けて内側に向けます。

つま先を外側に曲げる

3 足を広げて、つま先を外側に向ける

今度は足を外側に広げてつま先を外側に向けます。

つま先を内側に向ける

つま先を外側に

4 内側に向ける

足を広げたままつま先を内側に向けます。

5 反対の足も

反対の足も行います。

→ つま先を内側に向ける

6 ひざを持ち上げる

ひざを持ち上げ、大殿筋を伸ばします。

↑ ひざを持ち上げる

7 反対の足を持ち上げる

反対のひざも両手で持ち上げます。

反対の足も

● 上肢のストレッチ1

肩こり改善トレーニング

日常的に肩こりに悩まされる人も少なくないでしょう。わずかな時間で簡単にできる肩こりの改善トレーニングを紹介します。肩の回旋筋群のストレッチです。

難易度 ★★★☆☆

回数 5〜10回

●目標の筋肉●
肩の回旋筋群

◆ 肩の上げ下げ

1 体をまっすぐに

立っても座ってもできる運動です。体をまっすぐにしたら、両肩を上げます。

肩を水平に

2 両肩を上げる

息を吸いながら両肩を十分に上げたら、大きく息を吐き出しながら下げます。これを何度かくり返します。

両肩を上げる

◆肩の丸め伸ばし

1 両肩を丸める

両肩を丸めるように伸ばします。

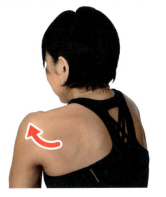

2 両肩を後ろに反らす

伸ばしきったら、今度は胸を張るように肩を後ろに伸ばします。これを何度かくり返します。

◆肩の開き閉じ

1 両腕を前で交差

両腕を体の前で交差させます。

2 両腕をゆっくり開く

ひじは離さないようにします。

両手を開く

● 上肢のストレッチ2

大胸筋のストレッチ

大胸筋は筋トレの対象となる筋肉ですが、ストレッチも大事です。大胸筋が硬くなると、姿勢が悪くなり、肩こりの原因にもなるので定期的にストレッチでほぐしましょう。

難易度 ★★★☆☆

回数 5〜10回

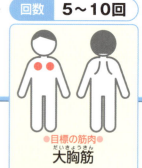
●目標の筋肉●
大胸筋

1 足を伸ばして床に座る

足を少し開き床に座ります。

足を軽く開く

2 手を後ろにつく

手を後ろにつき胸を張るように反らせます。

手をつく

3 頭を反らせる

首を後ろに傾け、さらに胸を張ります。

4 腕を開く

手をつく位置を外に開くとさらにストレッチ感が高まります。

頭を後ろに反らせる

手のつく位置を外側にずらす

5 首を曲げる

首を曲げて腕神経をストレッチします。

首を曲げる

6 反対方向に曲げる

反対側に首を曲げます。

首を曲げる

第2章 70歳からのストレッチ 実技編

上肢のストレッチ2 大胸筋のストレッチ

77

● 上肢のストレッチ3

腕伸ばし

肩の筋トレの前に、肩の可動性を高めるのに役立つストレッチを行います。肩の可動性を高めることで、肩こりや日常的な首の痛みの緩和に、さらに猫背などの姿勢の改善にも役立ちます。

難易度 ★★★☆☆

| 回数 | 5〜10回 |

●目標の筋肉●
大胸筋
広背筋(こうはいきん)

1 手を体の後ろで組む

足を少し開き、後ろで手を組みます。

足を少し広げて立つ

2 組んだ手を伸ばして胸を反らす

組んだ手を後ろに引っ張り胸を反らせます。大胸筋を伸ばします。

胸を反らせる

手を組む

3 腕の外側と脇の下を伸ばす

両手を頭の上で組み、片方の手でもう一方のひじを引っ張ります。広背筋のストレッチです。

片方のひじを持って引っ張る

4 反対側を伸ばす

反対のひじを引っ張り、何度かくり返します。

5 ひじを伸ばして腕を引きつける

今度は腕を下げて、ひじを伸ばします。肩の後ろ側の筋肉を伸ばす運動です。

ひじを持って伸ばす

背中の筋肉が伸ばされる

● 後ろから見たポーズ

背中の筋肉が伸びています。

第2章 70歳からのストレッチ 実技編

上肢のストレッチ3 腕伸ばし

●上肢のストレッチ4
首のストレッチ

首の筋肉をほぐし、腕神経の障害を予防します。首の側屈(ま横に曲げること)は生理的な動きではないので、回旋(回転させること)と同時に行います。

難易度 ★★☆☆☆

回数 **10〜20回**

●目標の筋肉
胸鎖乳突筋（きょうさにゅうとつきん）
斜角筋（しゃかくきん）
上部・下部頸椎

1 首を斜め前に傾ける

頭を斜め前に倒します。手を添えるとより効果が高まります。

2 反対側にも傾ける

反対側も同様に行います。

3 あごに手をおいて後ろに傾ける

首に少しでも不安がある人は決して行わないように気をつけましょう。行える人もあまり力は加えないでください。

あごを押す
ひじを押す

4 頭の後ろで手を組む

今度は首の後ろで手を組み、首を前に傾けます。

5 ゆっくり前に傾ける

ゆっくり行うとよりストレッチの効果が増します。

6 後ろで手を組みまっすぐ立つ

下部頸椎のストレッチで首の伸展運動を行います。

手を組む
前に傾ける
あごを引いて立つ
あごを前に出す
あごを引く

7 あごを前に出す

体をまっすぐにしたまま、あごを前に出します。

8 あごを引く

あごを引きます。何回かくり返します。

● 体幹のストレッチ1

座ってストレッチ

股関節回転筋群をストレッチすることで、股関節を開きやすくし、股関節唇が骨にはさみ込まれて損傷するFAI（68ページ参照）を予防します。高齢者の股関節の疼痛や運動制限を改善します。

難易度 ★★★☆☆

回数 5〜10回

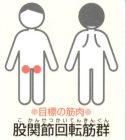

●目標の筋肉●
股関節回転筋群（こかんせつかいてんきんぐん）

1 あぐらをかいて

股関節を開いて足を引き寄せます。

2 体を前に傾ける

体幹を屈曲させストレッチ感を高めます。

ゆっくり傾ける →

3 片足を伸ばす

片足を伸ばして行ってもよいです。

伸ばす →

4 ひざに手をおく

さらにストレッチ感を高める場合は手でひざを押し下げます。

ひざを上から押す

5 ひざにおいた手に力を入れる

ひざにおいた手に力を入れて体をひねります。

力を入れる

6 体幹を回旋する

ひざが動かないように抑え、さらに体をひねります。

体をひねる

● 体幹のストレッチ2

座って背筋伸ばし

背中を伸ばし脊柱の可動性を高めます。脊椎の両側に傍脊柱筋と呼ばれる筋群があり、主に脊椎を支える機能を果たしています。この筋肉をストレッチすることで体を動きやすくします。

難易度 ★★★☆☆

回数 5～10回

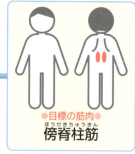
●目標の筋肉●
傍脊柱筋
(ぼうせきちゅうきん)

1 いすにまっすぐ腰かける

背中をまっすぐに伸ばして腰かけます。

背筋を伸ばす

2 体を前に倒す

体の前で手を組み、前に倒します。

前にかがむ

手を前で組む

斜めに傾ける

3 斜めに倒す

前に倒したら次は斜めに倒します。

4 大きく傾ける

反対側の背中を伸ばすように大きく傾けます。

大きくゆっくり傾ける

5 傾けた方向に反対の手を上げる

大きく傾けたら、次は手を上げて背筋を伸ばします。

手を上げる

反対も

6 反対側も同様に行う

脇の下のストレッチ感を確かめながら体を傾けます。

●体幹のストレッチ3

タオルを使ったストレッチ

タオルを使って手軽にできる体幹のストレッチです。朝や就寝前など決まった時間に毎日行うと、体全体の柔軟性が高まります。体の動きがよくなるので、転倒事故の予防にもなります。

難易度

回数 5〜10回

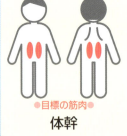
●目標の筋肉●
体幹

1 タオルを持って上げる

手を伸ばし頭の上で、タオルの両端を持ちます。

タオルの両端を持つ

2 そのまま体を傾ける

手を伸ばしたまま、体を傾けます。脇の下の筋肉の伸びを意識します。

体を傾ける

3 反対に傾ける

次に反対に傾けます。

4 タオルを持って体を回す

手を水平に伸ばしたまま体を回します。回す側の反対の背筋の伸びを意識します。

5 反対に回す

足の位置を動かさないようにして体を反対に回します。

6 タオルで背中を洗うように

タオルを斜めにして背中を洗うように持ちます。肩を外転（外側に回す）させ、肩の付け根の伸びを意識します。

水平に

肩を上げる

反対の肩も

7 反対の手で洗うように

反対の肩のストレッチを行います。

第2章 70歳からのストレッチ 実技編

体幹のストレッチ3　タオルを使ったストレッチ

筋トレが長続きする人・しない人

● 筋トレは長く続かないのが普通

　筋トレなどの運動を長く続けるコツは、すぐにやめたり、休んだりしてしまう自分を嫌いにならないことです。運動を始めて2カ月後には80%の人が中断しているというくらい、長く続かないことは普通のことなのです。続かなくても特別、意志が弱いわけではありません。この点を頭に入れておかないと、「どうせ自分は飽きっぽいから続かない」とあきらめてしまい、それこそ続きません。「続かなくても気にしない」「飽きたら、一度止めて、また始めればいい」くらいの気軽な気持ちでいれば、あんがい長続きすることが多いのです。

● 長続きする人に共通する特徴

　理想をいえば、運動は計画的に継続できれば効果は上がるのですが、いろいろな事情からできない日もあります。数日休むと、続ける意欲が失せてしまう人もいます。また、筋肉の変化などの効果が実感できないと、嫌になってしまう人もいます。宝物は、その坂を乗り越えた先に待っているので、気長にコツコツ進められるタイプが有望です。効果が実感できれば自然に楽しくなるので、効果が出るまで待てる人が長続きできるタイプといえます。

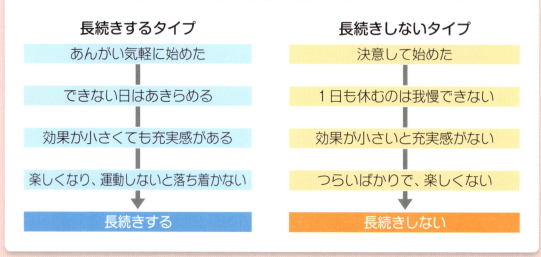

長続きするタイプ	長続きしないタイプ
あんがい気軽に始めた	決意して始めた
できない日はあきらめる	1日も休むのは我慢できない
効果が小さくても充実感がある	効果が小さいと充実感がない
楽しくなり、運動しないと落ち着かない	つらいばかりで、楽しくない
↓	↓
長続きする	長続きしない

第3章

なぜ筋トレは
健康長寿に有効か?

●高齢者の運動

高齢者こそ
筋トレが有効である理由

筋力向上トレーニング（筋トレ）は、身体および生理機能を向上させ、
元気で生活し続ける高齢者をつくる秘密兵器です。

● 健康長寿に欠かせない70歳からの筋トレ

　筋力は20歳から30歳代で最大となり、その後60歳ぐらいまでは年間2％～3％
程度低下し、60歳を超えると15％、70歳を超えると30％と加速的に筋力が低下
します。こうした理由から70歳を超えると、「重い物が運べない」「階段が上れない」
という体の不具合が出やすくなります。このような筋肉の老化によって、四肢が
動かしにくくなり、活動性が低下し、やがては身体全体が老化していくという悪
循環に陥る心配が出てきます。しかし、1990年代に行われたテストによって、高
齢期であっても適度な筋トレを行えば筋力が向上し、そのうえ安全性も高いこと
から、高齢者こそ筋トレを行うべきと考えられるようになりました。

　つまり、加齢により筋力が低下した分だけ、筋トレすれば、長寿命化しても筋
力が保たれ、活動能力が維持できると考えられるのです。

● 筋力が鍛えられるだけでない筋トレの効果

　アメリカの報告では、85歳をすぎてからでも筋トレは効果があることが示され
ています。実際、東京都老人総合研究所（現東京都健康長寿医療センター研究所）
で、90歳以上の超後期高齢者でも筋力増強効果が確認され、効果に年齢は関係な
いことと、体の弱っていない人ほど高い効果が得られますが、介護老人保健施設
に入所されているような方でも効果があることがわかっています。同時に、筋ト
レを続けることで持久力や柔軟性、バランス能力までも向上します。さらに、骨
密度の保持や増加に効果があるため、骨粗しょう症の予防にも期待されます。こ
れらの効果は、寝たきりの原因の1つになっている「転倒・骨折」を防止するこ
とにもつながり、一石二鳥どころか一石五鳥の効果が実証されています。

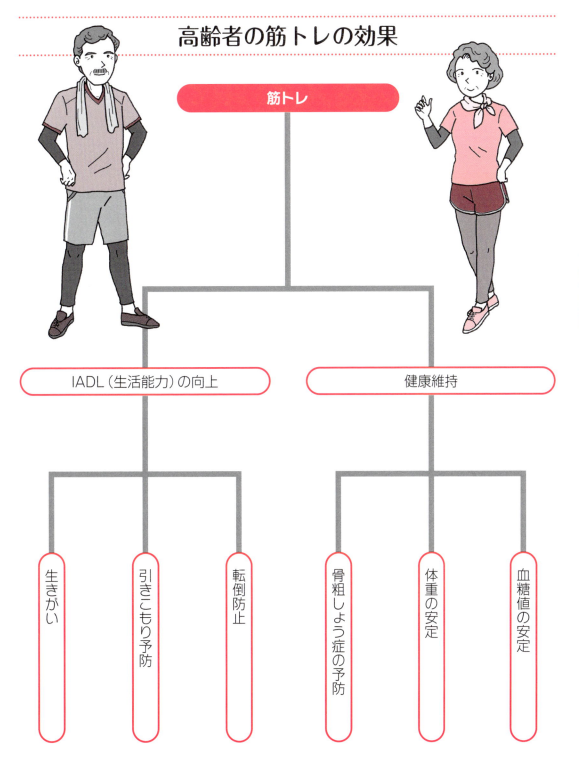

●高齢者の運動

使わないと
どんどん衰える頭と体

加齢にともない頭と体の能力は衰えますが、
使うことで能力は維持でき、鍛えることで機能は向上します。

● 新しい経験を積んでどんどん頭を使う

　人間は年をとるにしたがって知的な能力は衰え、運動機能も低下します。もの忘れが多くなるし、階段の上り下りも大変になります。中年期、さらに高齢期を迎えた方なら実感されることも多いでしょう。

　知能でいえば、年をとってとくに低下するのは記号や数についての処理能力で、一般的な知識力や理解力、また言葉を理解する力や判断力などは、年をとっても衰えにくいものです。また、新しいことに出合ったとき、それを頭の中に入力して忘れないようにする脳への刺激は、知識力・理解力・判断力そして記銘力などの知的能力を向上させることもあります。

　頭は使わないとどんどん衰え、考え方がかたくなになりがちです。新しいことに好奇心をもち続け、脳に適度な刺激を与えることが大切です。

● 体を動かせば運動機能は向上する

　年をとると筋肉や腱が縮んで弱くなり、体の柔軟性が失われます。筋力が衰えると自身の体重を支えづらくなり、小さな段差などでもつまずいて転倒事故を起こしやすくなります。とくに女性は年齢とともに骨量が減り骨密度も低くなるので、骨折しやすくなります。関節も20歳くらいから老化が始まり、軟骨が減って関節の周囲が固くなります。柔軟性が乏しくなることからひねったり、伸ばしたり、曲げたりする運動機能がうまく働かなくなります。しかし、これは何もしない場合の話です。高齢期でも心身への適度な刺激を＋α（プラスアルファー）することで、運動機能ばかりか、生活機能全般の向上が期待できます。

●10年間の研究でわかった高齢者の運動機能の特徴

　東京都老人総合研究所(現東京都健康長寿医療センター研究所)では2001年から2010年の10年間にわたって、中年期からの老化予防をテーマにさまざまな追跡研究を行いました。その結果、下記の4つの特徴があることがわかりました。②③④の項目でわかるのは、運動機能を高めれば将来、健康で自立した生活を送りやすくなるということです。筋トレをはじめとする運動を通して、要介護状態になりにくい体づくりをしましょう。

高齢者の運動機能と筋トレ

●高齢者の運動機能の特徴

①運動機能は加齢にともなって低下し、その低下は65歳を超えてもなお進行する

②運動機能の個人差は、年齢が進むにつれて大きくなる

③運動機能は歩行機能を見ると大まかにわかる→**96ページ参照**

④運動機能は将来の生活機能に影響を及ぼす

●4つの特徴のほかにわかったこと

　65〜95歳までの高齢者に筋トレをしてもらい、年齢と効果、はじめの体の状態と効果の関係を調べると、年齢は無関係で、さらにはじめの体の機能が低いほど効果が高いことがわかっています。ですから、トレーニングに「年だから」「体力がないから」ということはないのです。

●高齢者の運動

加齢による衰えを予防する筋トレ

加齢によるサルコペニア（筋肉の減少）を予防するには
筋肉を強くする筋トレが有効です。

● 病気のほかに気をつけたい「老年症候群」

　健康で自立した生活を送るためには、中年期までは脳卒中や心臓病、がん、糖尿病などの病気（おもに生活習慣病）の予防が大きなテーマになります。しかし、高齢期になるとこうした病気の予防のほかに、「老年症候群」と呼ばれる、病気とはいいにくい不健康な状態にならないように予防するのも大事です。

　老年症候群とは、加齢により日常生活に不具合が生じる状態で、「老衰（虚弱化）」「転倒」「認知症」「低栄養」「生活機能低下」「閉じこもり」「うつ」などの状態です。右ページの「介護が必要になった原因」を見ると、「1位　認知症」「3位　衰弱」「4位　骨折・転倒」「5位　関節疾患」と、日常生活に不具合が生じる状態によって、多くの高齢者が要介護や寝たきり状態になっていることがわかります。

● 老年症候群の負の連鎖を断ち切るために

　いったん老年症候群の傾向が現れると、体の不具合から運動不足になり身体活動が減少し、不安や自己効力感（自分の体は自分でなんとかできるという自信）の低下から、家事や外出などの身体活動が減り、いっそう老年症候群が進行するという負の連鎖に陥ってしまいます。この負の連鎖を断ち切るためには、「老年症候群にならないように予防すること」「なった場合は進行させないこと」が大事です。それには、十分な活動ができるように筋力を向上させることです。

● 筋トレでサルコペニアを予防する

　最近、よく耳にする「サルコペニア」とは、筋肉量が減少することで、ギリシャ語の「sarco：肉」「penia：減少」を組み合わせたものです。筋肉量の減少にと

もない、全身の筋力の衰えが出現し、身体機能全般の低下が起こることをいいます。筋力量の減少はとくに、すばやい動きや力強い動きをするときに動員される速筋線維（白筋）に起こりやすく、高齢者が転倒しやすいのは、この速筋線維の減少によるすばやい身のこなしがうまくできないことが原因にあげられます。ですから、こうした速筋線維を筋トレによって鍛えることも老年症候群の予防に役立ちます。速筋線維を鍛えるには、ある程度の負荷が必要です。

老年症候群とサルコペニア

●サルコペニアの分類と原因

一次性 サルコペニア	年齢が関与した サルコペニア	年齢以外に明らかな原因なし
二次性 サルコペニア	活動量に関連した サルコペニア	ベッド上安静、不活発な生活習慣、体調不良
	疾病が関与する サルコペニア	進行した臓器不全、炎症性疾患、悪性腫瘍、内分泌疾患など
	栄養が関連する サルコペニア	摂食不良、吸収不良、食思不振

●介護が必要になった原因

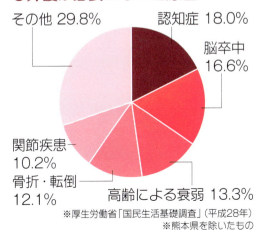

その他 29.8%　認知症 18.0%　脳卒中 16.6%　高齢による衰弱 13.3%　骨折・転倒 12.1%　関節疾患 10.2%

※厚生労働省「国民生活基礎調査」(平成28年)
※熊本県を除いたもの

●老年症候群の負の連鎖

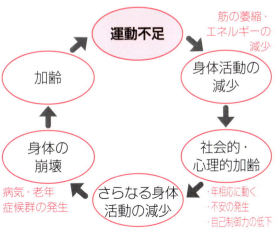

●高齢者の運動

歩く速度が速い人は
元気な人

歩く速度で元気度がわかります。
健康長寿をめざし、早く歩けるように抗重力筋を鍛えることが大切です。

● 歩くのが速い人は生活機能を維持している人が多い

　高齢期の身体機能は歩行機能を見ると大まかにわかります。右の図のように、なにもしなければ、歩行機能（速度）は加齢とともに衰えますから、歩くための筋肉を鍛えることがとても重要です。高齢者の初年度の歩行速度を4段階に区分し、その後の4年間で買い物・電話・外出などの手段的日常生活活動（IADL）が維持できたかを調べると、歩行速度が速い（運動機能が高い）人では、ほとんど維持している人（10人中0.5人）に対し、遅い人ではたくさんの人がIADLに障害がみられています（10人中3.5人）。約7倍もの差があり、歩行速度の速い人が4年後の生活機能を維持している割合が高くなっていることが明らかになりました。

　歩くのが速い人は元気な人といえますが、この研究は4年後の予測になります。いま元気なあなたでも、歩くのが遅いと感じている人は要注意です。要介護状態になる原因の上位には、「高齢者の衰弱（フレイル）」「転倒・骨折」があがっていますが、これらの背景には運動機能の低下があることが推測できます。運動機能を向上させることが、寝たきりにならない元気な状態を維持することにつながります。

● 抗重力筋を鍛えることが寝たきり予防に役立つ

　それでは、日常生活能力を維持するために、また、歩行機能を維持するためにどこの筋肉を鍛えるのが効果的なのでしょうか？　**「抗重力筋」**とは、地球の重力に対抗して正しい姿勢を維持するために使われる筋肉で、背中（脊柱起立筋）・お腹（腹直筋）・お尻（大殿筋）・太もも前面（大腿四頭筋）・ふくらはぎ（下腿三頭筋）などを指します（詳しくは107、127ページ参照）。それらの筋肉を鍛えることで、歩くのが楽になり、同時に日常生活機能全般が向上します。

歩行速度がポイント

●加齢により低下する歩行機能（最大歩行速度）

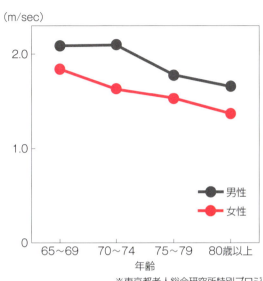

※東京都老人総合研究所特別プロジェクト「中年からの老化予防総合的長期追跡研究2001-2010」より

●歩行速度と生活機能の関係

歩行速度ごとに見た4年後の生活機能低下

歩行速度 (m/sec)	生活機能低下 (10人中)
はやい 2.33以上	0.5人
まあはやい 1.72～2.32	1.7人
ややおそい 1.11～1.71	2.3人
おそい 1.10以下	3.5人

人の体のおもな抗重力筋

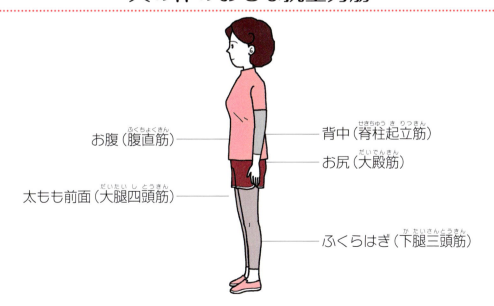

- お腹（腹直筋／ふくちょくきん）
- 太もも前面（大腿四頭筋／だいたいしとうきん）
- 背中（脊柱起立筋／せきちゅうきりつきん）
- お尻（大殿筋／だいでんきん）
- ふくらはぎ（下腿三頭筋／かたいさんとうきん）

第3章　なぜ筋トレは健康長寿に有効か？　高齢者の運動

●筋トレの効果
高齢者に有効な4つの運動

高齢者が日常生活で取り入れたい運動は、4種類。
意識的に4種類を組み合わせて行うと元気な体になります。

● 4つの運動を組み合わせて行うと効果的

　運動は大きく分けると、「①筋肉や関節を柔らかくする運動＝**ストレッチ**」「②筋肉を強くする運動＝**筋力向上トレーニング（筋トレ）**」「③バランス感覚をよくする運動＝**バランス向上トレーニング**」「④疲れにくくする運動＝**持久力向上トレーニング（有酸素運動）**」があります。この4つの運動を組み合わせて行うことで、老年症候群に陥りにくい体にすることができます。

　ストレッチとバランス向上トレーニングは体の調子を整える運動で、筋力向上トレーニングは体をつくる運動、持久力向上トレーニングは両方の要素をもったトレーニングと考えられます。それぞれの特長を紹介しましょう。

①ストレッチ

　ストレッチには動的ストレッチと静的ストレッチがあり、動的ストレッチは反動をつけて行われ血流をよくして、筋肉を温める効果があります。一般的にスポーツ前や筋力向上トレーニングの準備体操などに使われます。

　静的ストレッチはヨガなどのように反動をつけず、ゆっくり筋肉を伸ばす運動です。筋力向上トレーニングを行ったあとは、静的ストレッチで筋肉をゆるめると痛みが軽減できます。

②筋力向上トレーニング（筋トレ）

　筋力向上トレーニングは、加齢にともない萎縮してくる骨格筋の増強をめざします。速筋線維を鍛えるには、少ない回数でよいので重い負荷をかけて筋肉を使う必要があります。

　ただし、高齢者がいきなり重い負荷をかけると筋肉を傷めることもあるので、はじめは軽めにして徐々にややきつめをめやすに負荷を高めると、無理なく効果を上げることができます。

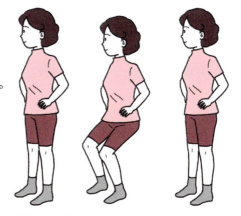

③バランス向上トレーニング

　高齢者は若い人に比べて、バランス能力が低下しているため、小さなつまずきでも転倒してしまいます。転倒は寝たきりになる大きな要因になるので、転倒しないためにはバランスを向上させるトレーニングが大切です。ふらついて転倒しそうになったとき、瞬間的に姿勢を安定させる身体能力を向上させることです。

　具体的には、体の中心部の体幹をしっかり安定させるために、腹筋と背中の背筋の両方をしっかり鍛えましょう。

④持久力向上トレーニング

　持久力向上トレーニングの代表であるウォーキングやランニングは血液循環をよくして、悪玉コレステロールや体脂肪を効果的に減少させ、糖尿病の予防や改善、循環器や呼吸器のはたらきをよくする効果があることがわかっています。生活習慣病の予防に最適ですが、同時に下肢の筋肉を鍛える効果もあり、転倒や骨粗しょう症の予防に役立ちます。筋トレとして行うことで、筋肉量をキープしながら、疲れにくい足腰を維持できます。

●筋トレの効果

筋トレに期待できる
さまざまな効果

筋トレは続けることで足腰の筋肉が鍛えられ、身体機能が向上します。
さらにダイエットや生活習慣病の予防にも役立ちます。

● 筋トレを始めると、こんな効果が実感できる

　筋トレを日常生活に取り入れると、転倒や老衰予防だけでなく、さまざまな効果が期待できます。それは、老若男女を問いません。まず、筋肉が増えてることで、健康な生活を維持する効果が期待できます。

　実感できる効果としては、基礎代謝(何もしなくても消費するエネルギー)が向上するので、やせやすく、太りにくい体をつくることができます。つまり、ダイエット効果が期待できます。

　次に、筋肉がついて動きやすくなるので、動きが軽快になり活動がしやすい体になります。体力がついて疲れにくくなり、腰痛やひざ痛の改善も実感できます。さらに、姿勢がよくなるので若々しい印象を保つこともできます。便通がよくなったり、冷え性が改善されたりといった報告もあります。また、筋トレで成長ホルモンが分泌されやすくなるので、不眠が改善されるという副次的効果もあります。メンタルな面でも、運動することで日ごろのストレスが解消され、日々を前向きに過ごせるといった効果もあります。加えて、筋肉をはじめとする体の手入れに関心をもつことで、食事を含めた健康全般への意識が高まります。

● 隠れたところでこんな効果も期待できる

　筋トレは、目に見えて実感できる健康維持のほかにも、生活習慣病の予防・改善などの効果があります。増えた筋肉によってエネルギーが消費されるので、糖尿病や脂質異常症が予防・改善されます。さらに、筋肉が分泌するホルモンに動脈硬化を防ぐ成分が含まれるので、脳血管疾患や心臓病などの血液循環の不具合で発生する重篤な病気の予防に役立つことも期待できます。

筋トレに期待できる効果

健康な生活の維持に期待できる

筋トレ ＝健康な生活の維持

- サルコペニア予防
- 転倒・骨折予防
- ダイエット効果
- 日常生活の活動量のアップ
- 腰痛・ひざ痛の改善

- 疲れにくい体
- 姿勢がよくなり若々しい印象
- 便通・冷え性の改善
- 不眠の改善

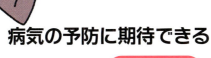

病気の予防に期待できる

筋トレ ＝病気予防

- 動脈硬化の予防
- メタボの改善
- 糖尿病・脂質異常症の予防・改善
- 脳血管疾患・心臓病の予防

●筋トレの効果
筋トレは
認知症予防に役立つ

運動は認知症予防に有効です。有酸素運動と筋トレに
脳を刺激する計算などを組み合わせるとさらに効果的です。

● 身体活動の不足が認知症を招く

　健康長寿を願う70歳以上の人たちにとって、寝たきりになるのと同じくらい心配なのが認知症でしょう。

　認知症の原因として、生活習慣病に関連する糖尿病、高血圧、肥満、運動不足、喫煙、うつなどが考えられています。それらの原因がアルツハイマー病の発症にどのような影響を与えるのか分析したアメリカの研究があります（右ページ参照）。

　これを見ると中年期の生活習慣病の影響はあるものの、中年期以降の身体活動不足がアルツハイマー病を引き起こす最大の要因になっていることがわかります。つまり、認知症予防には、身体活動を向上させ活動的なライフスタイルを確立することがとても重要であることがわかります。

● 有酸素運動＋筋トレが認知症予防に有効

　適度な運動は生活習慣病の予防・改善に役立つことから、アルツハイマー病の危険因子である高血圧や糖尿病の発症を防ぐのに有効です。また運動によって血流がスムーズになるため脳細胞のはたらきをよくすることがわかっています。認知症予防に役立つ運動としては、ウォーキングなどの有酸素運動が知られていますが、中等度の筋トレも同様の効果が期待できます。さらに最近の研究では、軽度認知障害（MCI）のある高齢者が有酸素運動と筋トレなどに加えて、脳を刺激する「計算」や「しりとり」などの認知課題を同時に行うと、認知機能や記憶力が向上するのではないかと積極的に研究がなされています。

アルツハイマー病の危険因子

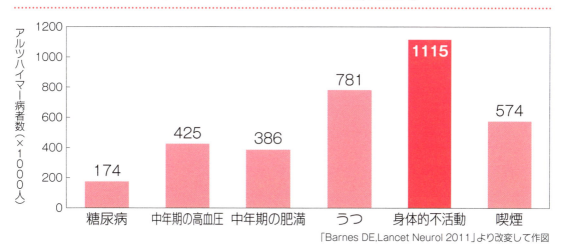

「Barnes DE,Lancet Neurol 2011」より改変して作図

認知症予防の運動

運動のタイプ	有酸素運動	無酸素運動
運動の特徴	軽い運動を少し長めに継続的に行う運動	瞬間的に強い力を出すような運動
エネルギー源	体脂肪をエネルギー源とする。脂肪を燃やす際に酸素が必要	筋肉に貯めてあるグリコーゲン（糖質の一種）がエネルギー源。エネルギーをつくる際、酸素は必要ない
おもな効果	体脂肪が減る。体調を整えるのに有効	筋肉が増える。体を強くするのに有効
運動の例	ウォーキング、ジョギング、エアロビクス、水泳（ゆっくり）など	筋トレ、すもうなど

第3章 なぜ筋トレは健康長寿に有効か？ 筋トレの効果

● 転倒予防の効果

転倒・骨折から
寝たきりになりやすい

運動機能低下によって要介護になりやすい状態である
「ロコモティブ・シンドローム」予防にも運動が欠かせません。

● 転倒後症候群によって要介護状態に

　転倒・骨折を予防するために筋トレが有効であることは、前述のとおりですが、ここではもう少し詳しく転倒と寝たきりになる関係を解説します。視力障害や薬物の副作用などをのぞけば、高齢者の転倒は加齢や運動不足で骨や筋肉が弱くなったり、器官のはたらきが衰えたことが原因で起こります。

　転倒による骨折が寝たきりの原因になるのは、一度転倒を経験すると転倒への恐怖から閉じこもりがちになることです。骨折は治っているのに、外出を控え、部屋から出るのを控え、やがてベッドでの生活が中心になる高齢者が多くいます。転ぶのが怖くて生活のレベルをどんどん下げていく「**転倒後症候群**」という現象に陥ってしまいます。これによって一度転倒を経験した人は、引きこもりになる傾向にありながら、1年以内に56.6%の人が再転倒するというデータ（厚生労働省「国民生活基礎調査」2013年）もあります。一般的な転倒率は10〜28%くらいですから、数倍転びやすくなってしまいます。この再転倒の大きな原因は、不活発な生活により身体機能が弱体化し、さらに転倒しやすくなる悪循環に陥ったことによるものです。

● 要介護状態になるリスクの高い 「ロコモティブ・シンドローム」

　日本整形外科学会が2007年に提唱した「ロコモティブ・シンドローム(locomotive syndrome)」とは「運動器の障害」により「要介護になる」リスクの高い状態になることです。学会ではロコモティブシンドロームにならない基準が示され、ロコモを防ぐロコモトレーニングが提唱されています。

転倒から寝たきりまでの経緯

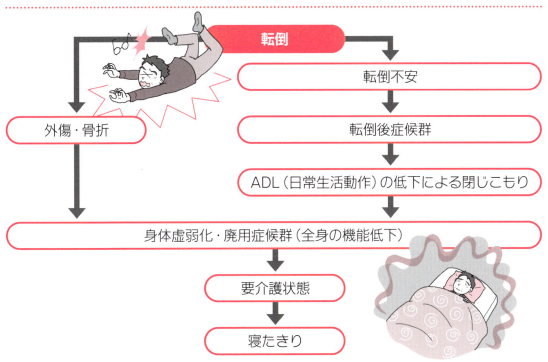

ロコトレ（ロコモーショントレーニング）の例

※「ロコモチャレンジ！」（ロコモチャレンジ！推進協議会）ホームページより改変

●転倒予防の効果

高齢期に強化したい抗重力筋

高齢者の転倒にはさまざまな要因がありますが、
脚の抗重力筋を鍛えることが最も重要です。

● 抗重力筋のなかでも脚の筋肉を鍛えることが重要

　転ばないようにするには、ふだんから足腰の筋肉を鍛えることが大切です。そのなかでも転倒に最も関係が深く、とくに鍛えたい場所は「**抗重力筋**」と呼ばれる筋肉です（97ページ参照）。抗重力筋には、背中（脊柱起立筋）・お腹（腹直筋）・お尻（大殿筋）・太もも前面（大腿四頭筋）・ふくらはぎ（下腿三頭筋）などがありますが、なかでも大殿筋・大腿四頭筋・下腿三頭筋などの下肢（脚）にある筋肉は立ったり、座ったり、あるいは歩いたりするときに重要なはたらきをします。また、つま先の上がりをよくするには、前脛骨筋のトレーニングが有効です。この筋肉を鍛えることで転倒予防ができるだけでなく、日常生活機能全般が向上することがわかっています。

● 高齢者が転ぶ要因と対策

　高齢者が転倒するのにはさまざまな要因があり、それぞれの対策が必要です。

1　**足やつま先が上がらずに転倒**

　　対策：すねやふくらはぎ、前太ももなどの筋肉を鍛え、足首のストレッチも欠かさない。

2　**バランスが悪くて転倒**

　　対策：体幹をしっかり安定させるために、腹筋と背中の背筋を鍛え、同時にお尻や脚の筋肉を鍛える。

3　**身のこなしが悪くなり転倒**

　　対策：ふだんから体を動かし、俊敏性などを衰えさせないために神経と筋肉の連動をはかる。

脚の主な筋肉と抗重力筋

> 脚の抗重力筋には、お尻にある大殿筋、太ももの前面にある大腿四頭筋、いわゆる「ふくらはぎ」といわれる下腿三頭筋などがあります。

中殿筋（ちゅうでんきん）
腰の横あたりにあり、脚を外側に上げるときなどに使われる

大腿四頭筋（だいたいしとうきん）
ひざを伸ばすはたらきがあり、階段の上り下り、立ち座りに使われる

前脛骨筋（ぜんけいこつきん）
つま先を上に向けるときなどに使われる

大殿筋（だいでんきん）
お尻のほとんどを占める筋肉。体を支え、脚を後ろに上げるときなど、歩くときにも使われ、体の安定性を高めるのに役立つ

ハムストリング
大腿の後ろ側の筋肉で、ひざを曲げたり腰を伸ばすときなどに使われる

下腿三頭筋（かたいさんとうきん）
いわゆる「ふくらはぎ」。つま先を下げるとき、つま先を蹴って歩くときに使われる

●とくに重要な脚の抗重力筋のはたらき

立ち上がり・歩行の動作に脚の抗重力筋は深いかかわりがあります。

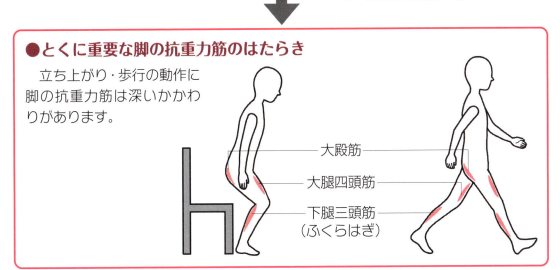

大殿筋
大腿四頭筋
下腿三頭筋（ふくらはぎ）

●筋トレの実際

トレーニングの原則を知ろう

筋肉の特性を知り、トレーニングの原則を意識したうえで行うと
より効果が期待できます。

● トレーニングの効果を上げるためには原則を知ることが大切

　人間の筋肉は「鍛えれば強くなる」という性質があります。ただし使わなければすぐに衰えてしまう、という性質もあります。このほか、筋肉にはさまざまな特性があり、それを理解したうえでトレーニングすることが大切です。

● トレーニング効果を上げるための7つの原則

①過負荷の原則

　体力を高めるためには、トレーニングの強度・量・頻度などが日常生活強度を上回るものでなければいけません。最大筋力（1回で発揮できる筋力の限界値）の20%以下で行っても、筋力の向上は望めません。

やや強めに負荷をかけないと効果が期待できない

②個別性の原則

　個々の身体機能や体力には体力差があり、高齢者はとくにその差が著しくあらわれます。個々の体力や目的に応じたトレーニングを行うことが大切です。

個々の体力に合ったトレーニングをしよう

③意識性の原則

　トレーニングは目的・内容・効果を意識したうえで行うと、より効果があります。筋力トレーニングを行う際は、とくに主動筋（筋肉運動の際にメインとなって働く筋肉）への意識を集中させることで高い効果が得られます。

鍛えたい筋肉を意識してトレーニングしよう

④特異性の原則

　効果はトレーニングに含まれる体力要素にしか現れません。たとえば、太極拳

のようなゆったりとした動作のトレーニングを行った場合は、すばやい動作に関係する筋肉はつきにくいのです。したがって、目的に応じた適切なトレーニングを行うことが求められます。

目的に合ったトレーニングを選ぼう

⑤漸進性の原則

同じ条件でトレーニングを続けていると、体力向上の効果は頭打ちになるため、強度・量を段階的に増加させていくことが大切です。ただし、急激な増加はけがの原因となるので注意が必要です。

少しずつ確実に強度・量を増やすと効果が高まる

⑥超回復の原則

筋肉細胞に刺激を加えることによって筋肉は増加します。刺激された筋肉細胞は24～48時間ほどの休息をとることで「超回復」という現象が起こり、より筋力が増強されやすくなります。つまり、毎日トレーニングを行うよりも、トレーニングを行った翌日は休んだほうが効果が現れやすくなります。

トレーニングの翌日は休むほうが効果は上がる

⑦継続性の原則

トレーニングの効果は一定期間継続することによって得られます。また、持続性はおおよそ継続期間に比例するので、長期間にわたって続けるとよいのです。

長期間継続するとより効果がある

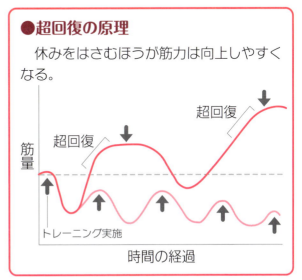

●超回復の原理

休みをはさむほうが筋力は向上しやすくなる。

※『改訂版介護予防包括的高齢者運動トレーニング』（健康と良い友だち社：大渕修一・佐竹恵治共著）より改変

●筋トレの実際

効果的に筋力を
向上させるためのポイント

効果的に筋力を向上させるには、前のページで紹介した原則に基づいて
運動に集中し、ややきつめの強度で行いましょう。

● トレーニングの原則にしたがって実践する

　前ページで「トレーニングの原則」を紹介しましたが、その原則を意識しながら実際にトレーニングを始めましょう。まず「**漸進性の原則**」「**継続性の原則**」に関係するポイントですが、運動は負荷量を徐々に増やすことで各部の機能が強化され、より大きな負担にも耐えられるように変わっていきます。あせらずに続けることが大事です。たとえば、最初にウォームアップを5分程度。その次に有酸素運動のウォーキングを20分、体が運動に慣れてきたら、筋トレやバランス向上トレーニングを行い、最後にストレッチ運動でクールダウンを行うと完ぺきです。クールダウンは、使って縮んだ状態の筋肉を伸ばしてゆるめ、乳酸などの疲労物質を留めにくくします。そして、しっかり栄養をとってゆっくり休むことが大切です。

● 集中し、ややきつめの運動を心がける

　体を動かしたとき、自分で感じる運動の強さを「自覚的運動強度」といいます。運動を行うときは、必ずこの自覚的運動強度を意識しましょう。中高年以降の場合でも楽な運動強度では効果が上がりません。「**過負荷の原則**」を意識して「ややきつい（12-14）」を心がけましょう。「**意識性の原則**」に基づき、テレビやスマートフォンなどを見ながら行う「ながら筋トレ」は効果が上がりにくいと考えられます。

●自覚的運度強度

20	最大運動
19	非常にきつい
18	
17	かなりきつい
16	
15	きつい
14	
13	ややきつい
12	
11	楽である
10	
9	かなり楽である
8	
7	非常に楽である
6	安静

効果的な筋トレのしかた

①運動量を少しずつ増やしていく

　筋トレを始めたら、いきなり大きな負荷をかけず、徐々に強度を上げていくのが安全で効果的です。

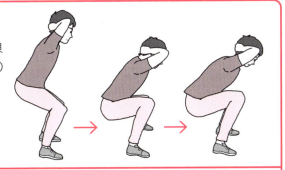

②「ながら筋トレ」はやめる

　テレビを見たりスマホなどを操作しながらのトレーニングは集中力が落ちるので効果が上がりません。

③ややきつめの運動をする

　体を動かしたとき、「ややきつい」と思える程度の運動が筋力向上には効果的です。

④ほかの運動と組み合わせる

　ストレッチ、有酸素運動、筋トレなどを組み合わせて行うとより効果が上がります。

●筋トレの実際

ウォーキングと
組み合わせるとより効果的

筋トレとウォーキングは組み合わせると効果が高い。
ただし筋トレを先に行うほうがメタボ予防になります。

● 筋トレとウォーキングを組み合わせることで効果が倍増

　ウォーキングなどの有酸素運動は、生活習慣病の予防・改善に大きな効果が期待できます。ただし、ウォーキングだけでは老化による筋力の低下を防ぎきれません。といって、転倒予防や寝たきり予防にウォーキングが役立たないかといえば、そうではありません。歩く習慣は下肢などの筋肉のはたらきをよくするだけでなく、血液循環をよくするという大きな効果があります。ウォーキングを続けて行うと、悪玉コレステロールや体脂肪が減って糖尿病の予防や循環器や呼吸器のはたらきをよくする効果があります。筋トレと有酸素運動を組み合わせて行うと、より効果が上がります。筋トレで筋力量をキープしながら、ウォーキングで元気に歩ける足腰を維持できれば、いつまでも健康を維持することが可能です。

● 効果的なウォーキングのしかた

　筋トレは1日おきに行うなど、休みが必要ですが、ウォーキングは毎日続けても効果が停滞することはありません。高齢になると周囲の景色を楽しみながらのんびり歩く人も多いでしょう。ただし、ウォーキングはストレス解消や体調維持には有効ですが、運動的にはやや物足りません。運動効果を高めるには集中力が大事ですから、「しっかり歩くこと」を意識して、いつもよりも大股で少し速めに歩くようにしましょう。

　筋トレと有酸素運動を同じ日に行う場合は、「**筋トレ→有酸素運動**」の順序で行うほうが、ダイエットに効果的です。それは、筋トレによって代謝量を増やしてから有酸素運動を行うと、より体脂肪が消費されメタボ改善に効果があることがわかっています。逆の「有酸素運動→筋トレ」では同様の効果は期待できません。

効果のある歩き方

高齢者に多い歩き方

●筋トレの実際
長く続けるために
心がけたいこと

筋トレは2カ月続ければ、初期効果が実感できるので長続きします。
楽しく行うのが長続きするコツです。

● 始めて2カ月辛抱すると徐々に楽しくなる

　若いころから筋トレが体によいことは知っていても、なかなか始められなかったり、始めても1～2週間で挫折した経験のある人は多いでしょう。現役を離れたら自由に使える時間があるのですから、筋トレを見直すよいチャンスです。

　筋トレを続けられなかった理由を聞くと「きついから」「退屈だから」「いつのまにか」止めていたという人が多いようです。「きついから」「退屈だから」といった理由は、筋トレの効果が出始めるのに、やや時間がかかるからなのです。少しだけ気長に構えて、筋肉へメッセージを送ってみてください。めやすとして言われるのは「2カ月辛抱すれば、楽しくなる」というものです。体が徐々に引き締まり、体力がついたことが実感できるのが始めて2カ月後くらいだからです。

　また、「いつのまにか止めていた」という人は、ランダムにトレーニングを行うのではなく、1週間で同じ日・同じ時間に行ったり、買い物に行く前に行う、夕飯のあとに行うなど日常生活の行事とペアにしていると長続きします。

● よい循環を実感すると長続きする

　筋トレを始めて2カ月くらい過ぎると、筋肉量が増え体の変化が実感できます。最も早く感じるのは体の中の活力の復活です。体力がつくので、行動も積極的になれます。生活活動が拡大し、心理・社会的老化が予防できます。さらに、ウォーキングなどと組み合わせることで、生活習慣病も改善されます。姿勢・睡眠・便通などの体の微妙な変化を敏感に感じて筋トレ効果を楽しんでください。こうした運動の効果を実感することが、長続きさせるための最大の味方になります。

2カ月で感じる初期効果

✕ **筋トレが長続きしないパターン**

もう〜いいや〜

今日は忙しいから明日にしよう

思ったほど効果がないようだ

めんどうだからやめよう

初期効果が実感できない→ **長続きしない**

スタート　1週間後　2週間後　　　1カ月後　　　　　　　　　2カ月後

◯ **筋トレが長続きするパターン**

よし！この調子!!

始めたときより楽にこなせる

体が動きやすくなってきた

体が少し引き締まってきた

初期効果を実感→ **長続きする**

こんな効果もあった
・メタボが改善
・食欲が出てきた
・睡眠がよくとれる
・便通がよくなった
・外出の機会が増えた

第3章　なぜ筋トレは健康長寿に有効か？　筋トレの実際

●筋トレの実際

前向きな老年期を
過ごすのに役立つ筋トレ

前向きな老年期を過ごすには筋トレなどの運動が有効です。
健康寿命を延ばし、要介護状態の期間を短くしましょう。

● 筋トレによってQOL（生活の質）の向上が期待できる

　高齢者が行う筋トレなどの運動は、身体機能の向上にさまざまな効果があります。同時に目に見えない効果も忘れてはいけません。老年期を前向きに感じられる効果です。自分の心身を自分でコントロールできる感覚(自己効力感)が心身の不必要な老化を止めます。さらに、筋トレやウォーキング（有酸素運動）を日常生活に取り入れることで生活にリズムが生まれ、快食・快眠・快便といった健康に欠かせない三大要素が改善されます。

　小さなことへの怒りやこだわりは高齢期を迎えるとよく見られる傾向とされていますが、すべての人がそうなるわけではなくて、社会的に阻害された状態で起こりやすくなります。運動とともに外出機会が増えることによって近隣の方とのあいさつや、トレーニング仲間との交流が固まりがちな高齢期の心をときほぐしてくれます。

　運動をするとお腹が減りますよね。これは体の血糖が低下していることを示すサインです。そして、食事をとることによって空腹感がなくなります。この間に血糖コントロールのための内分泌メカニズムが活性化されます。日常的に空腹を感じない人は自律神経がうまく働かず、内分泌メカニズムの発動がされない状態といえます。体の自律神経の調整にも、筋トレが役立つのです。

　いっぽうで老化による衰弱などで生活に制限がある高齢者の場合は、適度な運動により転倒しにくくなります。外出や人との交流もできるようになり、QOL(生活の質）の向上も期待できます。

健康な高齢者のよい循環

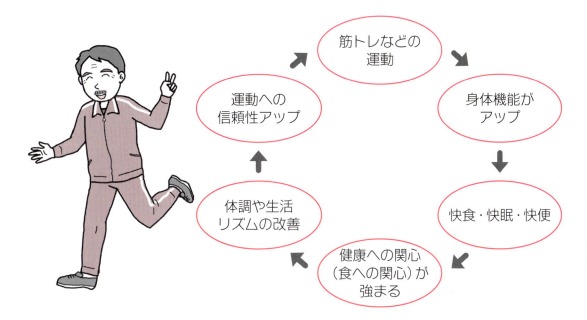

やや制限のある高齢者の筋トレの効果

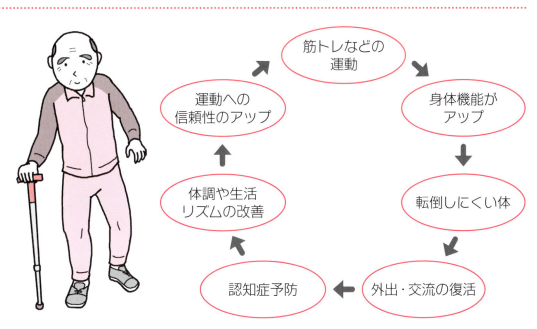

●筋トレの実際

高齢者が安全に筋トレを行うためのポイント

健康維持に有効な筋トレなどの運動ですが、
高齢者が安全に行うためには注意したいことがあります。

● 安全に筋トレを行うために守りたいこと

　長く運動を続けるためには、体調を崩さないように安全に行うことが大切です。健康のために運動を始めた人のほとんどは、「何キロやせた?」「血圧がどのくらい下がったか?」「血糖値は?」と結果を急ぎます。とくに元気な高齢者にそうした傾向の人が多いようです。しかし、急ぎすぎると効果が上がらないばかりか、無理がたたって体調を崩すこともあります。安全に続けるためには無理をせず、規則正しく行うことが第一です。とくに持病のある人は、健康維持に有効な運動でも、逆に健康を損ねることもあります。持病のある人はかかりつけ医に「こんな運動をしたいがどうか?」と相談しましょう。どの程度の運動をしたらよいか、病気に影響はないか、どんな注意をしたらよいかなど、確認してから始めると安心です。

①血圧が高いときは行わない

　日ごろから血圧が高めの人は要注意。筋トレ中に呼吸を止めて力んだりすると血圧が瞬間的に上昇することがあり、脳血管疾患などを誘発する恐れがあります。運動の前には必ず血圧を測り、高めのときは中止する勇気が必要です。

②運動後には栄養補給を考える

　高齢期には低栄養になりがちです。とくにたんぱく質、ビタミンなどが不足しがちです。栄養が十分でないとき、運動をすると、かえって体の臓器の栄養を吸いとってしまって体調不良になります。運動後に良質のたんぱく質、緑黄色野菜をとる栄養補給を併せて考えましょう。

③準備・整理運動は欠かさない

　筋トレの前には、軽く準備運動やストレッチを行い、終わったら軽いストレッチ

でクールダウンしましょう。いきなりきつい運動を始めたり、突然終わったりすると体に大きな負担をかけることになります。

④呼吸に気をつかう

運動効果を上げるためには、鼻から息を吸って口から出す腹式呼吸がよいといわれています。また、体を動かすときは息を吸って準備をし、実際に体を動かすときは吐きながら行います。筋トレの種類によっては息を止めて行うものもありますが、血圧が高めの人や高齢者が無理をするのは危険です。

⑤脱水に気をつける

運動を行うと体が脱水状態になることもあるので、こまめな水分補給が大切です。とくに夏場は、のどがかわかなくても15分に1回くらいのペースで水を飲みましょう。

⑥かかりつけ医に相談してから

高血圧や糖尿病、心臓病などの持病がある人は、かかりつけ医に相談してから筋トレなどの運動を始めましょう。

高齢者が避けたい3つの無理

①運動量の「無理」

効果を期待するあまり、ついオーバーワークになってしまう人がいます。運動量・運動時間の無理はかえって健康を損ねることがあるので注意しましょう。

②体調の「無理」

体調がすぐれないのに無理して運動するのは危険です。発熱や体に痛みがあるときやだるいとき、睡眠不足のときはやめましょう。

③痛さの「無理」

体を曲げたり伸ばしたりするとき、痛みを感じたら、それ以上続けるのは危険です。どんな運動も「痛い」と感じる手前で止めるのがコツです。

●筋トレの基本形

自宅で簡単にできる
転倒予防プログラム

寝たきりの原因となる転倒を予防するために、
ゆっくりした動作で下肢の運動を行いましょう。

● ゆっくり運動することで成長ホルモンの分泌が促される

　転倒予防のための筋トレでは、下肢の6つの筋肉（中殿筋・大殿筋・大腿四頭筋・ハムストリング・前脛骨筋・下腿三頭筋）を強くすることが大切です。

　マシンを利用した運動ほどではありませんが、自宅で行う日常的な筋トレでも、ゆっくり行うことで筋が発達するという報告がされています。これは、ゆっくり運動を行っている間は収縮中の筋肉の血流が乏しくなるため、局所的にアシドーシス（体液が酸性に傾いた状態）になり、成長ホルモンの分泌が促されるというメカニズムによります。たとえば、数をかぞえながら行う方法があります。数をゆっくりかぞえることで、呼吸を止めにくくすることに加え、筋を発達させる効果があることがわかっています。スクワットを例にすると、ゆっくりと1、2、3、4と数えながらひざを曲げ、曲がり切った位置で止めて1、2と数え、そしてまた、ゆっくり1、2、3、4で戻るくらいの速さが筋肉に無理なく刺激を与えます。

　筋肉の特徴として、いくつになっても適切な運動を行えば、筋肉が若返り筋力が強くなるという性質があります。ただし、1日がんばったからといって、魔法のように筋肉がつくわけではありません。急いで筋力をつけようとあせらず、じっくり構えることです。とくに心がけたい次の5つのポイントは意識しましょう。

①ゆったりとした気持ちで行う

②呼吸を止めない（いち・にい・さん・よん……と、かぞえながら行うとよい）

③ゆっくりと運動する（行きに4カウントしたら帰りも4カウント）

④動かしている筋肉をいつも意識する

⑤筋肉や関節に違和感があるときは無理に運動しない

転倒予防に役立つ下肢の基本運動

転倒予防に役立つ下肢の基本運動を紹介します。

1 ひざ伸ばし

めやす　10回程度

まず、ひざを伸ばす運動です。ももの前（大腿四頭筋）を強くする効果があります。

❶ 深くいすに座ります。

❷ ゆっくりひざを伸ばしていきます。

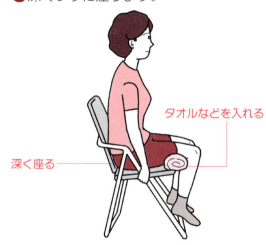
深く座る
タオルなどを入れる

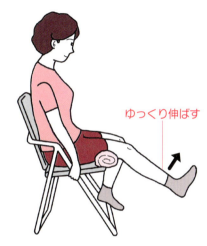
ゆっくり伸ばす

❸ ひざが伸びきったら、つま先をしっかり天井に向けます。

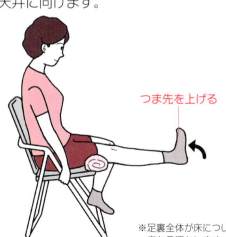
つま先を上げる

レベル・アップ

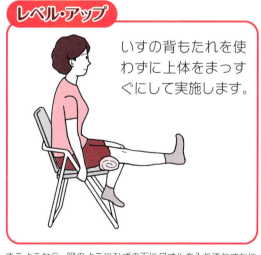
いすの背もたれを使わずに上体をまっすぐにして実施します。

※足裏全体が床についてしまうようなら、図のようにひざの下にタオルを入れてわずかに床から浮かします。

2 つま先立ち（下腿三頭筋） めやす 10回程度

つま先を上げる運動です。ふくらはぎ（下腿三頭筋）を強くする効果があります。

❶ 背もたれの端をつかみまっすぐに立ちます。

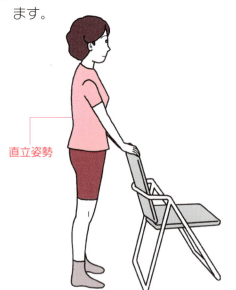

直立姿勢

❷ 体ができるだけ高くなるようにつま先立ちします。

しばらく静止

十分にかかとを上げる

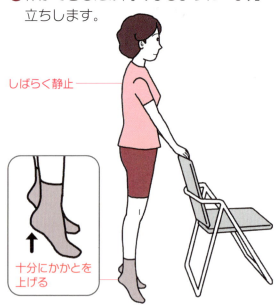

❸ かかとを床に降ろします。

ゆっくりかかとを下ろす

レベル・アップ

右足左足にかかる体重を変えて（片足にかかる負荷を増やして）実施します。

片足で実施します

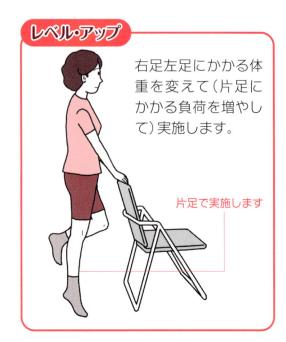

3 後ろに足上げ（ハムストリング）

めやす　10回程度

ひざを曲げて、後ろに足を上げる運動です。太ももの後ろ（ハムストリング）を強くする効果があります。

❶ 背もたれの端をつかみまっすぐに立ちます。

まっすぐ立つ

❷ 股関節は動かさず、ひざだけを曲げて足を上げます。

❸ ふくらはぎが太ももにつくまで動かし、ついたらゆっくりひざを元に戻します。

レベル・アップ

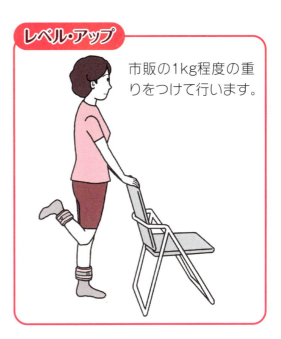

市販の1kg程度の重りをつけて行います。

4 もも上げ（腸腰筋・大腰筋）

めやす　10回程度

ももを上げる運動です。股関節の前面（腸腰筋・大腰筋）を強くする効果があります。

❶まっすぐに立ちます。まっすぐ立っているのが難しい場合は背もたれの端をつかんで立ちます。

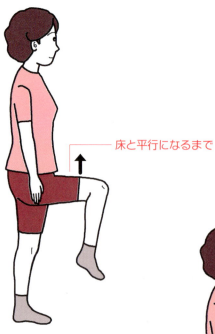

床と平行になるまで

❷ひざを曲げながら太ももが床と平行になるまで曲げていきます。

❸元に戻します。

5 脚の後ろ上げ（大殿筋）

めやす **10回程度**

脚を後ろに上げる運動です。ヒップ（大殿筋）を強くする効果があります。

❶いすから30〜40cm離れて立ち、上体だけ前に傾けながら、背もたれの端をつかみます。

❷ひざは伸ばして背中は反らないようにしながら脚をま後ろに上げていきます。

❸脚を元に戻します。

6 脚の横上げ

めやす 10回程度

今度は脚を横に上げる運動です。ヒップの横（中殿筋）を強くする効果があります。

❶背もたれの端をつかみ、脚を肩幅くらいに広げてまっすぐに立ちます。

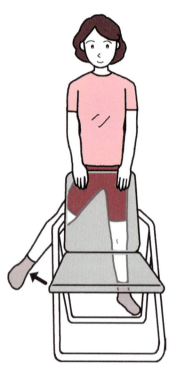

❷つま先は正面に向けて上体はまっすぐに保持し、脚を真横に上げていきます。

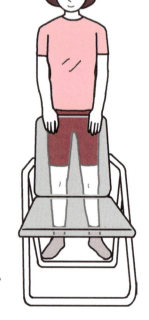

❸脚を元に戻します。

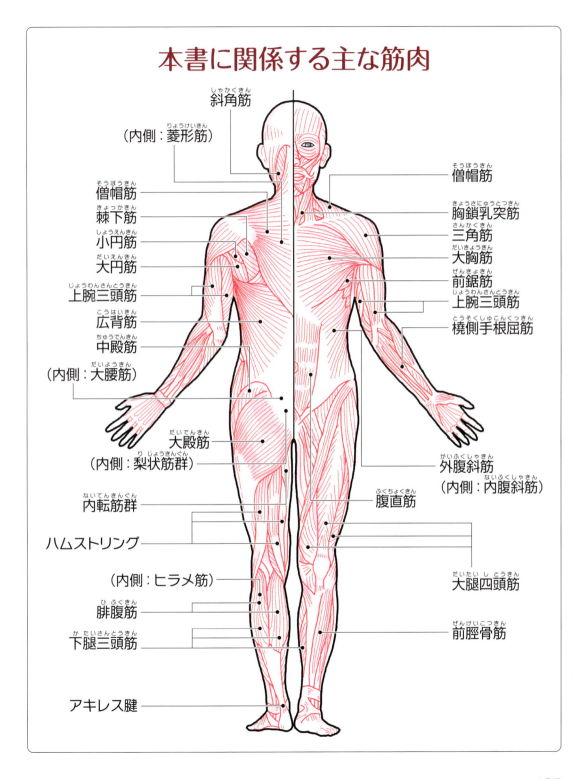

●編著　大渕修一（おおぶち　しゅういち）　東京都健康長寿医療センター研究所　在宅療養支援研究部長

国立療養所東京病院附属リハビリテーション学院卒業　理学療法士。アメリカ合衆国ジョージア州立大学大学院にて理学修士号取得。北里大学医学部大学院にて医学博士号取得。北里大学医療衛生学部助教授を経て、平成15年度より東京都老人総合研究所（現・東京都健康長寿医療センター研究所）介護予防緊急対策室長。　専門領域は、理学療法学、老年学、リハビリテーション医学。著書『介護予防包括的高齢者連携トレーニング』（健康と良い友だち社）、編著『絵を見てできる介護予防』、監修『完全版介護予防マニュアル』（法研）など

●企画協力　小野寺正道（おのでら　まさみち）　パワーラボ代表

東京大学教養学部基礎科学科卒業、東京大学大学院総合文化研究科（トレーニング科学）修了。大学院在籍中にメディカルフィットネス系のベンチャー企業に参画し、のちに独立。ヘルスケア・フィットネス・スポーツ関連事業を中心とする産官学連携と事業開発が専門。

●実技トレーナー　宮田みゆき（みやた　みゆき）　フィットネスインストラクター、ポージングデザイナー

　2015年　50歳の年に挑戦のつもりでボディビルを始める
　2016年　日本クラス別 158cm級 優勝、全日本ボディビル選手権大会 6位入賞
　2017年　東京ボディビル選手権大会 優勝、ベストアーティスティック賞、ボディビル ジャパンオープン 優勝

●協力　公益社団法人　日本ボディビル・フィットネス連盟
　〒111-0053　東京都台東区浅草橋4-9-11　大黒ビル2F　TEL 03-5820-4321　http://www.JBBF.jp

70歳からの筋トレ&ストレッチ

平成29年10月20日　第1刷発行
令和7年4月15日　第6刷発行

編 著 者　　大渕修一

発 行 者　　東島俊一

発 行 所　　株式会社 法研
　　　　　　東京都中央区銀座1-10-1（〒104-8104）
　　　　　　販売03（3562）7671／編集03（3562）7674
　　　　　　http://www.sociohealth.co.jp

印刷・製本　　研友社印刷株式会社

0102

小社は㈱法研を核に「SOCIO HEALTH GROUP」を構成し、相互のネットワークにより、"社会保障及び健康に関する情報の社会的価値創造"を事業領域としています。その一環としての小社の出版事業にご注目ください。

©Shuuichi Obuchi 2017 printed in Japan
ISBN 978-4-86513-408-7　定価はカバーに表示してあります。
乱丁本・落丁本は小社出版事業課あてにお送りください。
送料小社負担にてお取り替えいたします。

JCOPY〈出版者著作権管理機構 委託出版物〉
本書の無断複製は著作権法上での例外を除き禁じられています。複製される場合は、そのつど事前に、出版者著作権管理機構（電話 03-5244-5088、FAX 03-5244-5089、e-mail：info@jcopy.or.jp）の許諾を得てください。